Giuseppe Macrì

L'arte di educare

Giuseppe Macrì

L'arte di educare

L’empatia come terapia nell’arte educativa

Edizioni Sant'Antonio

Imprint

Cover image: www.ingimage.com

Publisher:
Edizioni Accademiche Italiane
is a trademark of
International Book Market Service Ltd., member of OmniScriptum Publishing Group
17 Meldrum Street, Beau Bassin 71504, Mauritius
Printed at: see last page
ISBN: 978-613-8-39392-4

Indice

Introduzione

La consulenza educativa si differenzia dall'educazione, perché è contraddistinta dall'uso delle norme relazionali centrate sull'ascolto, sulla comprensione empatica e sull'accettazione dell'altro.

Se per consulenza educativa intende un processo di aiuto rivolto al singolo, alla coppia, alla famiglia o alle istituzioni finalizzate a promuovere le potenzialità educative, essa non può essere identificata come un intervento di tipo riparatore, basato su un modello descrittivo, interpretativo e curativo dell'approccio psicopatologico.

Perciò, a differenza dalla consulenza psicologica, non solo può nascere da un bisogno speciale della persona, ma anche da un'esigenza di perfezionamento e d'intervento educativo.

Il significato dell'empatia nei confronti dell'altro fa ricorso all'esperienza intersoggettiva.

Difatti, l'empatia aiuta a mettersi al posto di chi soffre.

Daniel Goleman, ha scoperto che il suo concetto di Intelligenza Emotiva ha avuto il merito di spostare l'asse dell'attenzione e della ricerca scientifica sulla connessione degli stati d'animo tra le persone e sull'empatia, fattore così decisivo ma sottovalutato nella ricerca delle scienze psicologiche e pedagogiche.

"Ogni essere umano, infatti, è programmato per connettersi fin dalla nascita".

Daniel Goleman

Si è potuto costatare che Infatti si preferisce parlare di Educazione Emotiva, cioè dell'insieme delle micro relazioni affettive e condotte e finalizzate a favorire rispecchiamento, contenimento e sintonia emotiva.

Nella gran parte del primo capitolo mi sono concentrato ad analizzare il significato di empatia della filosofa Edith Stein, attraverso le sue opere, ci spiega che la sua empatia del "sentire" è alla base di tutto, agendo da riconoscimento dell'individualità di un'altra persona (sei importante per me, ho stima di te e riconosco, rispetto e condivido il tuo sentimento).

Ho iniziato ad analizzare il tema empatia e nel primo capitolo ho formulato che, nella forma più matura l'empatia implica un notevole impegno cognitivo, indirizzato ad accogliere lo schema di riferimento interiore dell'altro, e una parte affettiva che induce a sperimentare reazioni emotive in seguito all'osservazione delle esperienze altrui. Dunque, è molto più di un'emozione, è un sentimento intelligente, un atto d'amore ricco d'intelligenza.

L'empatia, quindi, si configura come una "virtù", è frutto della formazione del soggetto, ma anche di una scelta consapevole (il voler essere così), quasi una conversione al bene (insight migliorativo). In particolare questi due processi: "Educare l'empatia" (processo formativo individuale) e "educare all'empatia" rappresentano la meta del processo educativo.

La Stein scrive che la sua empatia alimenta la possibilità di riconoscersi in una causa di utilità comune ed evolve in comportamenti sociali che formano il nucleo di comunità solidali.

Le ricerche emerse nell'elaborato indicano che funziona al meglio le "micro - comunità" empatiche (piccoli gruppi quali la famiglia, l'amore, la vita di coppia, o parentele elettive) segnate da un clima emotivamente caldo, come ambiti di comune elaborazione di senso.

Dopo di tutto, l'empatia permane come l'io estraneo, ma con l'io proprio non sono più distinti l'uno dall'altro.

"Non riusciamo ad avvertire una gioia diversa da quella avvertita singolarmente".

Edith Stein

Si parlava dell'esperienza vissuta estranea la quale può sprigionare una forza interiore che può arrivare in un sapere che è la coscienza che porta all'empatia.

Sviluppiamo insieme con la filosofa Stein il rapporto di empatia estranea, tant'è che è riuscita attraverso degli studi ad affermare la teoria di un'empatia associativa, ma da un lato gli studiosi spiegano come i soggetti determinano tale gesto come un impulso a imitarlo, se non esteriormente, ma perlomeno interiormente, e riescono a elaborare tale ricerca in un impulso a mostrare tutti i miei vissuti.

La maggior parte dei ricercatori parla di un gesto che associa il vissuto corrispondente come vissuto estraneo, ne determina che lo stesso vissuto è presentato, non poiché mio, ma giacché vissuto dell'altro.

Ma nell'ultimo paragrafo si è analizzato il termine empatia nei metodi educativi e risulterebbe che la Pedagogia tenta di portare qualche risposta positiva su tutte le imprese umane.

Nel lavoro di alfabetizzazione troviamo l'emozione regolata e guidata da un codice empatico, il che, è opera innanzitutto di un'intelligenza verbale, per denominare la qualità degli stati emozionali, delle emozioni degli affetti e dei sentimenti, e per definirne l'intensità.

Possiamo verificare che gli sviluppi presi da fonti psicologiche definiscono che l'empatia nasconde un'emozione speciale con la quale registriamo per così dire la presenza di un altro nel nostro mondo; è una reazione molto accogliente, possiamo chiamarla esperienza di risonanza emotiva perché essa ci fa diventare, anche solo per qualche istante, capace a captare la voce e a ritrasmettere l'eco dei vissuti della persona che abbiamo di fronte.

Il coinvolgimento tra l'educatore e l'educando è necessario; anche se lo scopo di questa forma di dialogo non è innanzitutto quello di promuovere una certa funzionalità, ma è quello di aiutare il soggetto purché la sua mente si disponga a ricercare e a saper riconoscere un bene personale oggettivo, con consapevolezza e compiendo un atto di libertà.

L'obiettivo primario di questo dialogo è centrato sull'empatia, aiutare a percepire il proprio modo di sentire, impegnando la persona in un'opera d'integrazione e di relazione affettiva.

Ma nel clima empatico il fattore decisivo resta la parola: per un verso, la parola "illuminante" dell'educatore, che aiuta l'esplorazione emozionale di sé da parte dell'educando; per un altro verso, da parte di quest'ultimo, il condurre a parola secondo un significato personale i propri stati.

Nel secondo capitolo delle tesi ho voluto approfondire l'aspetto educativo incentrato nelle arti-terapie, i metodi da applicare devono passare dalla mano curativa della riabilitazione educativa, l'utilizzo di tale funzione mette insieme la tecnica dell'educatrice o dell'educatore a favorire le arti-terapie passando dalle strategie educative.

Questo è il passaggio che va tra l'educatore e l'educando. In questo capitolo, infatti, ho analizzato come l'uso del teatro e dei giochi di ruolo abbiano un'importanza sostanziale verso la persona, il legame tra mente e corpo e la reciprocità dell'io-tu, accrescono la consapevolezza e l'autostima nell'utilizzo del gioco di gruppo.

La valorizzazione della persona nelle arti-terapie può stimolare le potenzialità e la comprensione delle sue esperienze, auto-realizzazioni e autonomia.

La consulenza educativa ha tre categorie di disagio: evolutivo, socio-naturale e invalidante e tra aree di prevenzione dedicate prevalentemente alla prevenzione della persona.

La consulenza difatti avvia la strategia d'intervento è quindi finalizzata a riorganizzare le nuove risorse della persona per risolvere e gestire i problemi. L'aver cura dell'altra persona per una buona qualità della sua esistenza.

Nel capitolo mi sono focalizzato sulla parte della consulenza e come sappiamo, è necessario avere una buona consapevolezza del sé per attivare l'empatia così comprendiamo anche il funzionamento cognitivo della persona che abbiamo di fronte e in questo caso è l'educando.

Dunque, le arti-terapie si possono chiamare anche terapie di riabilitazione, perché le sue molteplici funzioni mettono in risalto l'educazione degli educandi e il loro maturare come per esempio svolgersi una relazione, comunicare e partecipare.

La consulenza educativa può essere intesa come l'insieme dei trattamenti che sono utilizzati come strumenti di un'espressione educativa e artistica allo scopo di promuovere la salute e favorire in certi casi anche la guarigione, come una tecnica dalle molteplici situazioni che vanno dalla terapia, alla riabilitazione e al miglioramento della qualità della vita.
I meccanismi della consulenza che ho trattato nella tesi si analizzano in funzione a dei progetti già prefissati con l'educando, quindi, chiamiamo in causa del modello educativo di gruppo come quello dell'arte-terapia che svolge non solo il trattamento di disturbi sulla base terapeutica, ma anche di trasformazione, evoluzione e crescita della persona, pertanto svolge lavori di gruppo.
L'arte-terapia, la possiamo dividere in tre grandi aree: terapeutica, riabilitativa e quella dell'educazione-prevenzione.

Nell'elaborato ho parlato di com'è importante l'utilizzo delle arti-terapie nei linguaggi empatici. Per questo, l'espressione artistica si propone come un riflesso, una rappresentazione simbolica del nostro mondo interno e dei modi che solitamente usiamo nel rapportarci alla realtà, sia esterna sia interna. Detto questo, la persona che ha dei problemi d'inserimenti va spronato e aiutato nel modo giusto, recuperarlo grazie ai lavori di gruppi renderlo partecipe anche con piccole cose, l'importante e che abbia un ruolo nel gruppo – qualunque esso sia.

Nel passaggio dalle arti-terapie alla musica-terapia, ho analizzato con attenzione l'utilità di quest'arte la quale comprende nel fare o ascoltare musica, infatti, attiva le zone ipotalamiche del cervello. Inoltre, la musica facilità, il rilassamento sia fisico sia mentale e migliora tutta una serie di funzioni fisiologiche, come la respirazione, il battito cardiaco e la pressione sanguigna.

Dunque, la musica può essere usata in terapia sia in forma attiva, cioè producendo musica con diversi strumenti (di solito le percussioni), che passiva, cioè lasciandosi cullare dalle note di brani musicali scelti dal terapeuta secondo le finalità terapeutiche. Il suo scopo generale è di aiutare la persona a esplorare i vissuti emotivi per giungere, attraverso un dialogo sonoro passando da un'armonizzazione all'integrazione.

Infine, siamo arrivati nell'ultimo paragrafo e qui ho trattato nuove terapie educative: poesia-terapia, fiabe-terapie e lettura-terapia.
Oggi, la poesia è diventata oggetto di studi, trasformata come uno strumento di aiuto alla mente e come una vera e propria tecnica di aiuto alle situazioni quotidiane.
Come accade nel campo delle arti-terapie, come in danza, teatro, disegno, scrittura, si fa presto a dire "terapia", marcando dei benefici che un'attività può produrre spontaneamente, ma che non possono essere definiti "cura" o "metodo di aiuto" senza fare riferimento a una teoria, a dei metodi operativi e possibilmente alla valutazione iniziale e finale degli aspetti su cui s'interviene positivamente, garantendo la possibilità di poter controllare e proporre in futuro le metodologie che hanno mostrato un'azione terapeutica.

Invece posso evidenziare che la fiaba-terapia è una tecnica molto efficace che se fatta bene analizza l'aspetto mentale nel quale adotta secondo i modi operativi la crescita di abilità immaginative e di comprensione della vita quotidiana, con ciò può anche sostenere lo sviluppo di alcuni aspetti importanti della personalità e aiutare a padroneggiare degli stati emozionali nuovi che in alcuni momenti della vita possono creare paure, chiusure, regressioni, tensioni, malesseri interiori e anche dei comportamenti poco adattivi che nascondono tentativi di fronteggiare i vissuti più difficili.

Ho emerso che Il linguaggio "fiabesco" di fiabe e favole tuttavia non è un mondo riservato solo ai più piccoli, ma si pone piuttosto come un universo simbolico in cui è possibile scoprire l'esistenza di una porta di accesso sempre aperta, in cui non esiste un limite di età per addentrarvisi traendo, in qualunque momento, innumerevoli stimoli e benefici per il proprio benessere e la propria crescita interiore. La fiaba terapia è una tipologia specifica costituita da un sistema di strumenti e procedure che mirano a favorire la crescita e a migliorare la salute.

La terapia di cui ricevono prevalentemente i bambini è adottata tramite l'ascolto e le riflessioni sulle narrazioni, e delle ricostruzioni individuali o di gruppo di trame, allo scopo di favorire una corretta e profonda assimilazione del materiale letto oppure di creare delle personalizzazioni riguardo alle necessità specifiche della partecipante e della situazione.

Vediamo invece che la lettura-terapia è una specie di analisi, trattano i racconti dando ai lettori una creatività e una fantasia a volte anche geniale.

La poesia-terapia è una cura della mente e della pace interiore perché da vita alla luce nascosta di ogni persona intrappolata dentro un labirinto mentale. Ecco, la poesia-terapia aiuta a non soffermarsi nel labirinto e lo aiuto, lo stimola a trovare la chiave. L'ultimo è la teatro-terapia è la cura del comportamento e dell'inserimento sociale, della conoscenza e del riconoscimento.

Nell'ultimo capitolo dell'elaborato ho cercato di sviluppare una serie d'interviste qualitative e strutturali agli educatori. Ho fatto delle domande mirate agli educatori soprattutto, ma anche al personale educativo della struttura. Questa struttura educativa consente di assicurare ospitalità agli studenti che frequentano le scuole superiori del luogo e che hanno la residenza lontana e non possono fare i pendolari. Nel convitto si esercita un percorso educativo specifico guidato dagli educatori e dal personale qualificato. L'età tra i convittori e i semiconvittori esterni è compresa tra i sei ai diciannove anni. I servizi del convitto sono rivolti non solo agli studenti che frequentano le scuole annesse, ma anche ai semiconvittori esterni, ossia chi frequenta altri Istituti che si trovano nelle vicinanze, ma vi pernottano.

Ovvero, il Convitto e le Scuole frequentate dai semiconvittori esterni, sin dall'inizio dell'anno scolastico, sono attivati un canale di comunicazione al fine di consentire un'adeguata collaborazione tra le due istituzioni. Pertanto il Preside stesso delle scuole individua gli educatori di riferimento, che hanno il compito per l'intero anno scolastico di mantenere e curare l'educazione di uno studente in particolare.

Nel convitto i ragazzi vivono, crescono e socializzano; gli educatori qualificati li sostengono nell'organizzazione degli studi e del tempo libero valorizzando le loro specifiche potenzialità.

Grazie alle risposte date dagli intervistati, ho analizzato che nel convitto c'è una sorte di produttiva e collaborazione tra i ragazzi, educatori e famiglie degli studenti, affinché i giovani abbiano la possibilità di realizzare al meglio su se stessi sia nel progetto scolastico sia nell'affinamento della loro personalità.

Secondo me, oggi l'educatore è una tipica figura, agisce con l'incarico di "tutor", ma nella pratica quotidiana è fondamentale il suo ruolo di mediatore nei rapporti tra ragazzi nella veste di studenti e docenti, tra gli stessi ragazzi e genitori e tra genitori e docenti; l'azione educativa è finalizzata alla formazione e all'educazione integrale degli alunni mediante l'opera di guida e consulenza nelle attività di studio. L'obiettivo è di produrre regole facilmente trasportabili da una situazione all'altra.

All'interno del Convitto vestivo un ruolo di educatore bibliotecario e con il consenso della Direttrice ho potuto fare delle analisi per una ricerca educativa.

Questa ricerca - intervista mi ha portato a vedere più chiaro quali fossero i metodi e modelli che adottano gli educatori del posto e attraverso alle Interviste strutturali e qualitative agli educatori, tutor e personale qualificato che lavorano nel Convitto, alla fine di ogni intervista ho riscontrato e formulato le risposte di ognuno di loro: L'educatore ci spiega attraverso l'intervista che, Il fine ultimo della ricerca è il punto di partenza della nostra riflessione metodologica, perché metodo, strumenti e fini sono strettamente legati fra loro. Secondo l'educatore noi attiviamo percorsi di riflessione nei quali cerchiamo di aprirci alla partecipazione e alla condivisione dei nostri educandi o di chi ha durante il nostro percorso educativo.

Siccome è applicato anche inconsapevolmente, la metodologia è molto importante per noi educatori, perché ci prepara poi ad avere molto uno sguardo attento su i nostri ragazzi.

Infatti, il termine giusto è salvaguardare tutti i tipi di educazione e aiutare l'educando a valorizzare l'importanza della partecipazione e della tolleranza che è molto fondamentale in un collettivo come quello del Convitto dove appunto vivono.

Quando parliamo di progetti l'educatore che abbiamo intervistato, ci lascia un commento di questa portata: "Nella pratica cerchiamo di vedere quali sono i loro problemi e li aiutiamo, ma prima di tutto vediamo se li possiamo associare ad attività come le arti terapie".

Devono potenziare e sviluppare anche la consapevolezza di una condivisione reciproca, le nostre strategie educative ci portano a utilizzare fortemente dei modelli educativi come le arti terapie, la loro educazione e formazione passa da noi educatori se noi non saremo dei buoni educatori la valutazione finale la dovremmo ricevere noi anziché loro.

Ma posso solo dire che le arti terapie ci aiutano a capire lo stato dell'educando e ad agire nei punti più fragili per aiutarlo. All'interno del Convitto si cerca di dare a loro massima accoglienza e di garantire la massima educazione con esperti e qualificati.

Nell'ultima intervista rilasciata l'educatore, si è espressa con questa frase: "Innanzitutto, il nostro lavoro è sviluppare le potenzialità e come punto di partenza punta alle relazioni attive a partecipative".

Nello specifico l'educatore osserva, pianifica, progetta insieme ai coordinatori interventi mirati individuali, sostiene e supporta l'educando fino e oltre il raggiungimento degli obiettivi prefissati e concordati che sono: la socializzazione tra di loro, vivere insieme aiuta la reciprocità e, infatti, aumenta la consapevolezza di aiutarsi e di collabora, ma quello che conta di più è la convivenza in piena serenità tra convittori nel rispetto delle regole. Ecco.

Questo per noi è molto importante, se i convittori rispettassero le regole noi educatori, tutor e insegnanti privati, potremmo lavorare con facilità e a sua volta anche loro potranno svolgere le loro attività con tranquillità. Ecco la reciprocità che ho citato prima.

Noi elaboriamo un progetto attento alle esigenze della persona, costruiamo dei legami che coinvolgono tutti i convittori, dopodiché bisogna essere buoni comunicatori, le parole sono importanti. L'obiettivo principale è l'integrazione, l'inserimento, partecipazione attiva e la relazione.

In conclusione, nell'ultima intervista l'educatore parla di lui dicendo che a volte si pongono degli obiettivi irraggiungibili ma, comunemente li portano a termine, il raggiungimento è di solito il relazionarsi, rispetto, la partecipazione nei vari progetti e il rendimento positivo a scuola il buon inserimento.

Ma per raggiungere questi obiettivi dovrebbero essere guidati e seguiti passi dopo passi, un ragazzo è facile alla distrazione sia nello studio sia nel convitto e per questo ci siamo noi – noi siamo come degli angeli custodi, gli mostriamo la giusta via da intraprendere.

Capitolo 1

Che cos'è l'empatia:

L'Empatia può essere spiegata in due termini: dal greco :"empatheia" composto di un derivato da pathos con affetto in teodiseo: "Einfühlung".

Grazie anche alla neuro-conoscenza, l'empatia si tuffa in una nuova età dell'oro.

Vittorio gallese disse:

"L'empatia nei confronti dell'altro fa ricorso all'esperienza intersoggettiva".

Il filosofo Levinas, sostiene che, una relazione sociale, una simpatia, un'amicizia, è quasi una sorta di compassione in cui esprimono la cura della generosità in un altro dono: "Mi do in prestito ad altri" l'incontro con l'altro non è una funzione ma un trauma, un'irruzione, che vivo innanzitutto nell'esperienza del suo volto. Ciò ci aiuta a mettersi al posto di chi soffre.[1]

L'empatia inserita nella consulenza educativa:

Il termine "Intelligenza Emotiva", ha così un valore finalmente rispettabile negli aspetti psicologici più profondi, ma meno visibili della mente umana, divulgandoli al grande pubblico.

---

[1] A. Bellingreri, *Per una pedagogia dell'empatia*, Vita e Pensiero, Milano, 2005, pp. 67-80.

Con il concetto di Intelligenza Emotiva, abbiamo il merito di spostare l'asse dell'attenzione e della ricerca scientifica sulla connessione degli stati d'animo tra le persone e sull'empatia, fattore così decisivo come paradossalmente sottovalutato nella ricerca delle scienze psicologiche e pedagogiche. Ogni essere umano, infatti, è programmato per connettersi fin dalla nascita.

Quindi Secondo Bowlby, invece, ogni bambino attiva in modo innato e condotto l'attaccamento che è finalizzato alla ricerca di aiuto, protezione e soddisfacimento dei bisogni primari come la fame, il riposo e il contatto.[2] I bambini pertanto, tendono a connettersi con gli adulti, affinché questi rispondano con l'altro sistema operativo interno parzialmente innato negli adulti.

I bambini sono i primi ad attuare l'empatia.

Quest'operazione far sì che i bambini parlino un linguaggio nuovo che per loro è una scoperta, pertanto, lo stesso bambino sperimenta l'empatia con la madre, e lo fa attraverso l'attaccamento che è connesso con l'impatto viscerale tra il bambino e la madre. Infatti, si preferisce parlare di Educazione Emotiva, cioè dell'insieme delle micro relazioni affettive e finalizzate a favorire rispecchiamento, contenimento e sintonia emotiva.

Edith Stein, ci spiega che l'empatia (letteralmente "sentire") è alla base di tutte le forme con cui ci accostiamo a un altro, agendo da riconoscimento dell'individualità di un'altra persona (sei importante per me, ho stima di te e riconosco, rispetto e condivido il tuo sentimento).

La Stein aveva focalizzato il tema, in altre parole, il rapporto tra la soggettività e la profondità che abita nell'altro.

[2] E. Stein, *Il problema dell'empatia*, Edizione Studium, Roma 2012 (1985), pp. 23-28.

1.1. La definizione

L'empatia è sguardo e parola.

Lo sguardo: perché non è intrusivo, ma diviene grazie alla comprensione emozionale empatica capace di vedere il volto dell'altro.

La parola: detta e ascoltata, prede forma per i soggetti coinvolti, un universo di senso condiviso.

Noi ci mettiamo "nei panni dell'altro" e per confermare tale teoria occorre essere disponibili con l'altro. È dentro a dei processi d'identificazione, di proiezione di sé (se prevale, la proiezione di sé nell'altro si sperimenta perciò una cattiva o falsa empatia) introiezione, contagio, imitazione ma anche immaginazione. Allora, la Pedagogia sperimentale distingue tutti gli stadi del processo di crescita dell'empatia dal semplice contagio emotivo, alle risposte della singola persona che vede cambiare la propria vita sociale ogni giorno.[3]

Sappiamo perfettamente che la Pedagogia speciale è un ramo della Pedagogia il cui scopo è di favorire la formazione globale della personalità dei soggetti con necessità educative anche particolari, distruggendo i loro elementi legate al deficit, ricercando le condizioni utili a ridurre lo svantaggio, così che anche la persona disabile possa prendere parte attiva alla costruzione del progetto di vita.

Nella forma più matura, l'empatia implica un notevole impegno cognitivo, indirizzato ad accogliere lo schema di riferimento interiore dell'altro, e, una parte affettiva che induce a sperimentare reazioni emotive in seguito all'osservazione delle esperienze altrui. Dunque, è molto più di un'emozione, è un sentimento intelligente, un atto d'amore ricco d'intelligenza.

L'empatia si configura come una "virtù", frutto della formazione del soggetto, ma anche di una scelta consapevole (il voler essere così), quasi una conversione al bene (insight migliorativo). In

[3] Ivi, pp.28-32

particolare distinguo due processi: "Educare l'empatia" (processo formativo individuale) e "educare all'empatia" che rappresenta la meta del processo educativo.[4]

1.2. Gli studi di Edith Stein sull'empatia educativa

"L'empatia ci porta all'idea di un comune destino, di fragilità, di dipendenza, di bisogno dell'altro poiché in essa avviene un mutuo riconoscimento".

Laura Boella

La natura conoscitiva dell'empatia porta a conoscere se stessi e gli altri.

Possiamo conoscere noi stessi solo in relazione ad altri: è tramite il continuo processo di relazione che diventiamo ciò che siamo in una crescita di consapevolezza, d'introspezione, attivando un dialogo interiore. Una buona coscienza empatica vuol dire essere capaci di provare empatia nei confronti di se stessi, in altre parole di accettarsi, riconoscersi, amarsi, aver cura di sé.

Affinché l'empatia sia autentica (la buona coscienza empatica) devono essere presenti tre condizioni:

1. l'atteggiamento veritativo: lascia essere l'altro per quello che è e per quello che può essere e/o deve essere; Heidegger
2. l'atteggiamento etico: considera l'altro come un valore, un bene in sé e per sé, che liberamente si sceglie di conoscere, amare e promuovere; Kant

[4] La Stein parla di un'empatia che sta alla base di tutte le forme nella quale vive l'uomo: si tratta di riconoscimento nell'altro, se ci accostiamo all'altro, lo facciamo perché nell'altro riconosciamo una simpatia che va oltre la semplice conoscenza, si entra direttamente nella coscienza interiori dell'altro. Cfr., E. Stein, *Il problema dell'empatia*, Edizione Studium, Roma 2012 (1985) ed., cit., pp. 35-39.

3. l'atteggiamento spirituale o comunitario: crea relazioni, legami empatici, in un riconoscimento reciproco.

Tuttavia si può avere una forma di empatia estrema, per chi non ci ama, non ci riconosce, anche tra nemici giurati. L'empatia secondo la filosofa Edith Stein, alimenta la possibilità di riconoscersi nell'utilità comune che evolve in comportamenti sociali e solidali.[5]

Le ricerche sociologiche indicano che funziona al meglio le "micro - comunità" empatiche (piccoli gruppi quali la famiglia, l'amore, la vita di coppia, o parentele elettive) segnate da un clima emotivamente caldo, come ambiti di comune elaborazione di senso. Per l'empatia permane l'io estraneo e l'io proprio non trova spazio nel singolo.

Mentre nella parola "empatizziamo" un termine usato, dalla filosofa che sta per specchio dell'anima, noi invece utilizziamo il termine specifico e usato più volte dalla filosofa: "arricchiamo il nostro sentire".

L'esperienza vissuta estranea, arriva da un sapere che è la coscienza che a sua volta porta all'empatia. La Stein lavora tanto sul rapporto di empatia estranea, e sviluppa la teoria di un'empatia associativa, ma da un lato gli studiosi spiegano come i soggetti determinano tale gesto a un impulso a imitarlo, se non esteriormente, ma, perlomeno interiormente, così riescono a elaborare tale ricerca in un impulso a mostrare tutti i miei vissuti. Questo gesto è associato da un vissuto estraneo, ma per quanto riguarda la percezione interna, l'individuo includerebbe oggetti nella percezione interna dei complessi vissuti che giungono a datità mediante un atto unitario.

C'è chi sostiene che nella "percezione interna" c'è data "la tonalità del nostro io", così come nell'atto della percezione esterna c'è data "la tonalità della natura" e non singole qualità sensibili.

---

[5] A. Bellingreri, *L'empatia come virtù. Senso e metodo del dialogo educativo*, Il Pozzo di Giacobbe, Trapani, 2013. pp. 22-30.

C'è chi sostiene che lo sviluppo dell'empatia procede bene, solo se il bambino si sente sicuro nell'immaginare i pensieri e i sentimenti di un'altra persona come per esempio un loro genitore o una persona a esso vicina.

I genitori che fanno uso di empatia per socializzare con i propri figli, hanno meno probabilità di commettere reati, difatti, le persone con autismo sono invitate a valutare dopo aver visto un'immagine emotivamente forte, durante la loro introspezione emozionale mostrano una minore attività all'interno del circuito empatico.[6]

La Stein ricostruisce semanticamente l'empatia per arrivare a definirla fenomenologicamente come unico processo conoscitivo in grado di farci cogliere l'intersoggettività. Così si pone il problema dell'empatia il quale si rende conto nell'incontro tra esseri umani, si scopre l'inconsistenza della soggettività assoluta; il fatto che ci capiti di incontrare emozionalmente e psichicamente l'esistenza di un'altra persona il che, richiede la capacità di non aver bisogno di tutto quello che costituisce una soggettività autonoma da tutto il resto. Le parole nascono proprio nel momento in cui è necessario renderci conto è il segno quanto possono arrivare la nostra sensibilità e é l'annuncio che un altro o un'altra sta vivendo qualcosa.
Il "rendersi conto" cui fa riferimento Edith Stein è l'osservare, l'accorgersi di qualcosa che, "affiorando d'un colpo davanti a me, mi si contrappone come oggetto (come le sofferenze che 'leggo sul viso dell'altro') " La Stein, dunque, afferma che esiste una sequenza, quasi simultanea, in cui l'altro e il suo dolore non sono un evento concreto e immediatamente comprensibile, ma si presentano nella forma dell'accadere di una rottura della continuità della mia esperienza. Quando noi ci rendiamo conto di questo, incomincia qualcosa che possiamo chiamare nascita del senso o, come lo definisce, la filosofa, atto di empatia. [7]

Questo percorso ci mostra che l'asse dell'essere si sposta dalla capacità monopolista del pensare al punto mediano d'incontro tra i due; come a dire che l'essere ha una struttura relazionale, che

[6] A. Pinotti, *Empatia. Storia di un'idea da Platone al Post-umano*, Biblioteca di Cultura Moderna, Laterza, 2011, pp. 56-65.
[7] L. Boella., A.Buttarelli, *Per amore di altro. L'empatia a partire da Edith Stein*, Edizioni Cortina, Milano 2000,p.8.

nel momento in cui l'altro mi propone un suo vissuto, mi costringe a ridefinire ciò che sto vivendo, un atto che forse non compirei se non fossi messo in causa dall'altro. Ogni declinazione di ogni sentire e di ogni emozione è assolutamente personale, possibilmente unica per ciascuno, il problema pertanto si crea nel momento in cui l'incontro con l'altro mi costringe a ridefinire il mio modo di vivere.

Questo lavoro di andata e ritorno quasi incessante costituisce per la Stein l'origine del senso della relazione; il tragitto tra l'uno e l'altra polo della comunicazione decide la capacità di stare sensatamente nella realtà e di ricevere un accrescimento della conoscenza di sé, ma per differenza, e non per somiglianza.

Fare esperienza nell'altro, rendersi conto della sua gioia, del suo dolore, costituisce atto indispensabile per qualificare il rapporto troppo spesso impersonale con ciò che incontriamo: l'empatia costituisce l'atto mediante il quale l'essere umano si costituisce attraverso l'esperienza dell'alterità. Nell'empatia non c'è un noi, ma due che si mantengono distinti soggettivamente e anzi, si costituiscono soggettivamente nella relazione empatica. In questo frammento la Stein chiarisce il significato di empatia: Io incontro il dolore direttamente nel luogo in cui è al suo posto, presso l'altro, l'altra che lo prova, magari lo esprime nei tratti del volto o lo comunica in altri modi. Non mi abbandono in lei o in lui né proietto o trasferisco le mie qualità.

L'Empatia è un'esperienza specifica, non una conoscenza quasi probabile o congetturale del vissuto altrui. L'Empatia è acquisizione emotiva della realtà del sentire altrui: si rende così evidente che esiste altro e si rende evidente a me stessa che anch'io sono altra. L'Empatia è allora amore per la sua struttura, è il viversi in relazione. [8]

Come abbiamo potuto costatare, la Stein, nelle diverse realtà di cura spiega come l'altro sia in grado di far percepire all'altro un'accoglienza, una presenza premurosa e competente ma non invadente, rispettosa della sua storia, quell'empatia che Edith Stein considera come atto paradossale attraverso cui la realtà di ciò che non siamo, che non abbiamo ancora vissuto o che non vivremo mai, diventa elemento dell'esperienza più intima: quella del "sentire insieme"

---

[8] Stein E. *L'empatia*, Franco Angeli, Milano 1986,p.62.

Questo per noi è percorso incessante di andata e ritorno, se pienamente consapevole, ci consente di sperimentare, nella differenza, la cura autentica dell'altro.

La Stein invece ritiene che, quando gli individui fanno tutt'uno con la loro interiorità, si possa e si debba parlare anche di un'anima di comunità da essi formata.

Dunque la vita nasce e si manifesta come apertura all'altro, come trasformazione dell'anima dell'uno attraverso l'altro, come spirito unitario, come l'essere-l'uno-per-l'altro.

La ricercata ha certamente lasciato problematicità che nella condizione umana, ma da questa esigenza Edith Stein ha cercato "razionalmente" in tutte le direzioni di seguire la relazionalità empatica come filo conduttore di una ricerca che porta dalla scoperta del vissuto estraneo alla costituzione dell'Io proprio e dell'Io altrui: "empatizzando infatti non solo è possibile assumere in sé il mondo e i valori dell'altro ma anche avviarsi alla scoperta della propria persona". [9]

In tal modo – pur su un piano conoscitivo e non psicologico - le due esperienze si intrecciano e si completano vicendevolmente nel confronto tra i rispettivi valori.

L'empatia è considerata dunque come presupposto teoretico della solidarietà tra gli esseri umani perché consente di stabilire un rapporto comunicativo che, pur passando attraverso la corporeità, la supera realizzando possibilità di autentica comunicazione che costruisce legami di tipo comunitario tra i soggetti coinvolti.

E' in questa prospettiva che il presente lavoro approfondisce i caratteri delle diverse unioni sociali ritrovando nelle riflessioni della Stein, che valorizza il vissuto comunitario contrapponendolo all'uniformità della massa, considerazioni di straordinaria attualità.

Tutte le ricerche e i lavori della filosofa ci portano infatti sulla svolta mistica ravvisando in questo nuovo approccio una modalità particolare in cui si esprime la relazionalità empatica la quale,

[9] La Stein ricostruisce semanticamente l'empatia per arrivare a definirla fenomenologicamente come unico processo conoscitivo in grado di farci cogliere l'intersoggettività. Così si pone il problema dell'empatia il quale si rende conto nell'incontro tra esseri umani si scopre l'inconsistenza della soggettività assoluta; il fatto che ci capiti di incontrare emozionalmente e psichicamente l'esistenza di un'altra persona richiede la capacità di non aver bisogno di tutto quello che costituisce una soggettività autonoma. Cfr. Edith Stein, *L'empatia*, Franco Angeli, Milano, 1986.ed. cit. pp.60-64.

tutto questo, rende questa donna una delle personalità femminili più attente e ricche del secolo appena concluso. Lo stile educativo da lei vissuto si traduce in una prassi caratterizzata dalla prudenza, dalla delicatezza, dalla volontà e dalla capacità di fermarsi sulla soglia dell'animo dell'altro. Questa estrema attenzione alla persona non ha motivazioni primariamente psicologiche e/o sociologiche, bensì ontologiche.

La Stein ha infatti chiara la consapevolezza che per accedere all'altro occorre approdare non al proprio o all'altrui Io fenomenico, bensì all'essere che è in entrambi che, pur esprimendosi secondo forme personali totalmente proprie, è in realtà un universale.
Abbiamo approfondito che sia per via spirituale sia per via etiche sia, l'educazione, quando è promozione integrale della persona, ha sempre un forte elemento auto formativa, perché il nucleo centrale di ciascuno è il luogo dell'incontro con sé e con Dio.
Nello scritto "Problemi dell'educazione della donna" la Stein afferma: "L'educazione è la formazione dell'uomo, di tutto l'uomo, a quello che egli deve essere" e ciò vale per quanto è attinente al corpo, all'anima e allo spirito. La chiarezza educativa presuppone la chiarezza antropologica, cioè sapere chi è l'uomo e ciò per cui l'uomo è, la sua origine e la sua meta.

Avendo come chiave di lettura della realtà quella evangelica, ogni momento educativo e auto formativo assume la forma della sequela, mentre ogni esperienza vissuta con l'incarico di educatore non è altro che una forma di carità. Elaboriamo allora che in entrambi i casi, l'empatia ha un ruolo tutt'altro che irrilevante: la capacità di cogliere e assumere l'esperienza interiore originaria del formando permette di comprendere la dimensione profonda da cui il suo essere si dispiega. Tutte le dinamiche portano che la relazione empatica, oltrepassando le barriere dell'apparente, consente di portare a evidenza proprio i doni nascosti e, nella duplice realtà di assunzione-comprensione dell'altro e di sé, si presenta quale possibilità di autentica educazione.

Tre sono le parole che costantemente tornano negli scritti della Stein: verità, libertà, responsabilità. A livello pedagogico, la libertà si offre nel fatto che l'altro trascende l'io come, pure l'io trascende l'altro; la verità invece si offre a ciascuno e si disgela più ampia quando la Relazione mette in comunicazione i due mondi in cui la verità stessa si invera; la responsabilità infine si offre come modo di accoglienza reciproca dei due soggetti al fine di valorizzare la propria e l'altrui libertà e verità.

Si nota con attenzione la critica della Stein alla storia: basti pensare al suo sguardo lungimirante che le fa intuire da subito la pericolosità dell'ideologia nazionalsocialista. Non per nulla la Stein si rende conto con buon anticipo che l'emergente regime nazista non tollererà nelle istituzioni educative nulla di contrario alla sua ideologia. Se verità, libertà e responsabilità sono pietre miliari del cammino dell'uomo verso se stesso, la Stein non dimentica un altro protagonista fondamentale della formazione: la Grazia.

Sia negli scritti raccolti nel volume unico "La donna" come anche nella "Scientia Crucis" lei sostiene che la sola forza educativa sciolta dai limiti della natura capace di stimolare l'attività personale, completandola, senza intaccarne la libertà, è quella che proviene da Dio: ciò che Egli opera con dono gratuito è possibile infatti solo perché la persona si è prima abbandonata a lui senza riserve. Si emerge che in questa consegna sta l'atto più sublime della libertà umana, il culmine di ogni atto educativo: la Verità è incontrata e, nella più totale responsabilità di sé, accetta di giocare la propria libertà, certa di ritrovarsi in una libertà ancora più grande.

Se questo è il compimento del cammino educativo, è importante percorrere la strada giusta che porta a questa meta.

Per questo motivo alla Stein è caro il termine Bildung, cioè formazione, intesa come "la struttura che la persona umana viene ad assumere per influsso dell'attività altrui e, rispettivamente, il processo di questa formazione" . Si tratta di un'educazione intenzionale, "programmata": chi educa infatti ha davanti a sé la meta cui tendere (obiettivo ampio, mai parziale, cioè la "persona formata"), ma anche la strada da percorrere per giungervi, cioè le scelte metodologiche, la scelta dei mezzi, la predisposizione degli interventi.

Nel volume "Essere finito ed Essere eterno" la Stein assegna all'educazione intenzionale un triplice ruolo: promuovere e sostenere quanto di buono e di bene è in ciascuno, eliminare il male e il negativo che provengono dalla degenerazione dell'uomo a seguito del peccato originale, agire sull'ambiente di vita affinché, indirettamente, possa aiutare la persona nel rafforzare gli elementi positivi ed estinguere quelli negativi.

Ruolo dell'educatore è accompagnare l'educando affinché si realizzi secondo la sua vocazione particolare, che è però sempre e comunque una partecipazione storica – caratteristica e singolare – all'essere di Dio.[10]

Il nostro nodo antropologico al quale la studiosa ha ancora la sua visione è la concezione di un'umanità creata e redenta, Il soggetto umano perciò è "persona" che ha vita per atto di amore di Dio e da lui riceve quell'impronta unica che la distingue da tutte le altre.

Per questo motivo la sua formazione è un inestimabile valore perché, attraverso essa, acquista la sua forma concreta unica. Il percepire le singole individualità non è compito della filosofia, ma di quella funzione specifica dell'esperienza che caratterizza i rapporti umani che la Stein ha indicato con il termine Einfühlung, empatia.

Possiamo solo affermare che attraverso degli studi troviamo diversi metodi che aiutano a conoscere le singole persone: quello delle scienze naturali, quello delle scienze psicologiche, quello della filosofia e quello della teologia. Ciascuno fornisce un apporto che è commisurato alla capacità d'interpretazione della realtà che gli è propria e, naturalmente, entro questi termini epistemologici ed ermeneutici va utilizzato. Analizzando tra le varie ricerche specifiche sul campo della Stein – filosofa, c'è chi però coordina la conoscenza con l'empatia oltrepassa il dato positivo e accede a un coinvolgimento profondo del suo essere con l'essere dell'altro e, utilizzando al meglio gli apporti delle scienze prima citate, trova l'accesso al nucleo profondo della persona, che trascende sempre e comunque tutti gli sguardi parziali delle scienze.

---

[10] Nello scritto "Problemi dell'educazione della donna" la Stein afferma: "L'educazione è la formazione dell'uomo, di tutto l'uomo, a quello che egli deve essere" e ciò vale per quanto è attinente al corpo, all'anima e allo spirito. Avendo come chiave di lettura della realtà quella evangelica, ogni momento educativo e auto formativo assume la forma della sequela, mentre ogni esperienza vissuta in qualità di educatore non è altro che una forma di carità. Elaboriamo allora che in entrambi i casi l'empatia ha un ruolo tutt'altro che irrilevante: la capacità di cogliere e assumere l'esperienza interiore originaria del formando permette di comprendere la dimensione profonda da cui il suo essere si dispiega. Cfr. Edith Stein, *La Donna*, ed., cit., Città nuova,2018, pp.18-43.

"Se saprai sorridere con chi sorride, piangere con chi soffre, e saprai amare senza essere riamato, allora, figlio mio, chi potrà contestarti il diritto di esigere una società migliore? Nessuno, perché tu stesso, con le tue mani, l'avrai creata!"

Edith Stein

Lo sviluppo di tutto questo passa mediante l'atto empatico l'educatore si pone all'esterno come adiuvante per le energie interiori del formando. Attraverso azioni programmate crea a un processo di osmosi fra esteriore e interiore. Scrive: "Solo ciò che dall'esterno entra nell'intimo dell'anima, ciò che non è solo conosciuto dai sensi o dall'intelligenza, ma tocca il cuore e l'animo, questo solo cresce in esso ed è un vero mezzo formativo.[11]

Pertanto, è soprattutto la dimensione del rispetto che deve marcare la relazione educativa: il saper cioè aspettare anche quando la maturazione è lenta e silenziosa, altrimenti, anziché favorire lo sviluppo, lo inceppa o lo impedisce. [12]

D'altro canto però ci mettiamo anche in guardia dal cedere a quella forma di pseudo-rispetto che porta a un'accettazione passiva dei limiti. L'orizzonte infatti è ampio, lo sguardo elevato e la proposta non possono che essere esigente: sulle orme dell'unico vero Maestro, Gesù, che non chiede poco o tanto ma tutto, l'obiettivo educativo ultimo infatti non può che essere la santità.

"Il fine dell'educazione cristiana, la vita cristi-forme del credente, si realizza propriamente nella Chiesa. Essa è scuola di umanizzazione e di comunione, perché è tempio della Trinità, in cui i credenti entrano in comunione con Lui, come figli. La vita della Chiesa deve essere, in fondo, esperienza della comunione con Dio di cui il Cristo è modello e mediatore della formazione, e i genitori, come anche la pedagogia istituzionale, deve collaborare con il formatore divino, se vogliono compiere un'opera formativa autentica" .

Joseph Heimpel

Evidente è dunque il servizio che il cristiano – formato e formatore – fa all'umanità, indicando le vie e i mezzi dell'umanizzazione autentica, in cui ogni persona diventa se stessa nella comunione con l'altro e con Dio.

---

[11] C. Musso R, *La pedagogia dell'Einfühlung: saggio su Edith Stein,* Editrice La Scuola, Brescia, 1995, p.151.

[12] J. Heimpel, *Il rapporto tra la persona e la comunità nella visione cristiana di Edith Stein*, Edizioni OCD, Morena Roma, 2005, pp.506-507.

1.3. La consulenza educativa come riconoscimento empatico

"Vedere con gli occhi di un altro, ascoltare con le orecchie di un altro, e sentire con il cuore di un altro."

Alfred Adler

La prima parte presenta una riflessione sul bisogno di riconoscimento:

Oggi la Pedagogia tenta di portare qualche risposta su tutte le imprese umane di cura educative; costituiscono pertanto, il tema e il problema proprio di una pedagogia fondamentale.

La seconda parte disegna le linee di una fenomenologia dell'esperienza educativa:

Il fenomeno originario è descritto come avvenimento della persona, generato però sempre da una relazione interpersonale di reciproco riconoscimento; L'intenzionalità costitutiva di questo evento è denotata con la dizione intenzionalità vicariante. Nella relazione educativa si tratta sempre di una definita proposta di vita buona, che l'educatore consegna all'educando. Ma all'origine della consegna e a determinarne l'invio, c'è l'attestazione dell'educatore: egli, si fa testimone responsabile della proposta e spera che la consegna lasci almeno intravedere a chi voglia accoglierla, quanto promette, una possibile piena fioritura della persona. Per parte sua l'educando cerca di dare un valore al suo desiderare, facendolo diventare desiderio di pervenire a una pienezza di vita. Perché l'ideale informi la vita, portando una fioritura nuova davvero vitale, è necessario però che l'educando lo incarni a nuova vita.[13]

---

[13] Un'esperienza di condivisione dei vissuti delle persone incontrate; non è di dote spontanea, ma è una virtù che esige di essere formata nelle sue dimensioni costitutive - in questo saggio definite veritativa, etica e dialogale. Il coinvolgimento tra l'educatore e l'educando è necessario; anche se lo scopo di questa forma di dialogo non è innanzitutto quello di promuovere una certa funzionalità psichica, ma è aiutare il soggetto perché la sua mente si disponga a ricercare e a saperriconoscere un bene che da consapevolezza e libertà. Cfr., M. G. Riva, *Il lavoro pedagogico come ricerca dei significati e ascolto delle emozioni*, ed. cit., Guerini, Milano, 2004 pp.11-20

La terza parte del volume è dedicata al metodo empatico:

Nel concreto, si cerca di creare delle micro comunità etiche: ambiti educativi di socialità ristretta, ricchi di amicizia e di cura benevolente, segnati soprattutto da una comune ricerca veritativa di senso per l'esistenza. Il suo fine è di aiutare la persona a maturare, apprendendo una competenza esistenziale, la disposizione abituale a porsi domande sul senso assoluto – non relativo, dell'esser dell'esistenza.
La cura dell'anima è appunto questo evento d'essere e di senso: messa in questione dell'io concreto e riappropriazione del sé autentico, che rendano il soggetto capace di vedere e intendere ogni realtà particolare, nel suo nesso col tutto. È al fondo un'esperienza di condivisione dei vissuti delle persone incontrate; non è di dote spontanea, ma è una virtù che esige di essere formata nelle sue dimensioni costitutive - in questo saggio definite veritativa, etica e dialogale. Il lavoro di alfabetizzazione emotiva regolata dal codice empatico è opera innanzitutto di un'intelligenza verbale, per denominare la qualità degli stati emozionali, delle emozioni degli affetti e dei sentimenti, e per definirne l'intensità. Invece, gli studi in psicologia definiscono l'empatia come un'emozione speciale con la quale registriamo per così dire la presenza di un altro nel nostro mondo; è una reazione molto accogliente, possiamo chiamarla esperienza di risonanza emotiva perché essa ci fa diventare, anche solo per qualche istante, l'ambiente idoneo a captare la voce e a ritrasmettere l'eco dei vissuti della persona con cui ci siamo imbattuti.

Il coinvolgimento tra l'educatore e l'educando è necessario; anche se lo scopo di questa forma di dialogo non è innanzitutto quello di promuovere una certa funzionalità psichica, ma è proprio quello di aiutare il soggetto purché la sua mente si disponga a ricercare e a saper riconoscere un bene personale oggettivo, con consapevolezza e compiendo un atto di libertà.

Una pedagogia dell'empatia che voglia pensarla come categoria specifica, dotata di autonoma legalità, ci può aiutare a definire le intenzionalità strutturali di una tale virtù, perché essa possa essere feconda.[14]

Mi pare quindi che si possano distinguere tre intenzionalità costitutive dell'empatia autentica:

La prima: propongo di chiamare veritativa: è lasciar esser l'altro che si ha di fronte nel lavoro educativo, per quello che è, per quello che vuole essere, per quello che può essere e per quello deve essere; è il contrario di un atteggiamento solo proiettivo o possessivo e consente di scoprire l'altro come un altro, un volto e un destino singolare.

La seconda: invece è un'intenzionalità che può essere definita etica senz'altro, è di pervenire a considerare l'altro innanzitutto ed essenzialmente come un bene, dotato di ricchezze e di potenzialità reali che hanno bisogno di essere promosse; è il contrario di un atteggiamento neutrale e di un atteggiamento pregiudiziale, perché l'altro è tenuto come un bene solo per il fatto di essere, senza condizioni.

La terza: intenzionalità costitutiva dell'empatia perché sia empatia vera e propria forse si potrebbe chiamare dialogale in senso eminente: è l'intenzionalità che vede e intende la relazione stessa e il legame che essa crea come essenziale perché, il soggetto possa pervenire a conoscenza di se stesso Il ruolo che questo dialogo empatico può avere per una crescita vitale dell'affettività.

La conoscenza che l'empatizzante ha del soggetto empatizzato, non coincide mai con la conoscenza che quest'ultimo ha di se stesso; essa oltrepassa la sfera della sua certezza personale, quanto l'empatizzato sa di sé in modo spontaneo, e può offrirgli una veduta nuova.

L'empatizzato pertanto, assumendo, la prospettiva di che lo vede "dall'esterno", modifica la sua prospettiva "interna"; l'esterno, per così dire, diventa interno.

---

[14] Ivi, pp.27-39.

L'obiettivo primario del dialogo centrato sull'empatia quello di aiutare l'educando a percepire e a significare il proprio modo di sentire, impegnandolo in un'opera che possiamo denotare di alfabetizzazione affettiva.[15]

Ma nel clima empatico, il fattore decisivo resta la parola: per un verso, la parola "illuminante" dell'educatore, che aiuta l'esplorazione emozionale di sé da parte dell'educando; per un alto verso, da parte di quest'ultimo, il condurre a parola secondo un significato personale i propri stati.[16]

[15] G. Macrì, *Empatizziamo nell'altro, l'empatia come strumento di pace,* Booksprint , 2018, Dicembre, Salerno , pp.45-60

[16] B. Rossi, *Pedagogia degli affetti. Orizzonti culturali e percorsi formativi*, Laterza, Roma Bari, 2002, pp.21-38.

Capitolo 2

La consulenza educativa e le arti terapie

"La più alta espressione dell'empatia è nell'accettare e non giudicare."

Carl Rogers

1.1. Che cos'è la consulenza educativa

Il termine Consulenza è la traduzione dei termini Counseling e/o Counselling.
Entrambi sono corretti, ma il primo è la dicitura proveniente dagli USA, mentre l'altro fa riferimento alla lingua anglosassone. È quindi un intervento psicopedagogico atto a promuovere e operare e può essere definito come una professione relativamente giovane, soprattutto in Italia. E' certo che il counseling è ben distinto dalla psicoterapia.

Prendendo nota, approfondiamo che, l'Istituto Superiore di Sanità (1995) afferma che: "Nessuna relazione di tipo professionale può e deve essere confusa con una relazione amicale, dove i limiti del coinvolgimento e dell'identificazione sono ovviamente molto sfumati; questo concetto è la base stessa della possibile efficacia di qualsiasi relazione d'aiuto di tipo professionale".
Se vogliamo parlare di psicoterapia, significa riferirsi a un intervento mirato, fondamentalmente, ad agire in modo terapeutico su disturbi o connotazioni ritenute patologiche o almeno che possa portare a miglioramento o a guarigione. Invece nel processo di consulenza ci rendiamo conto che l'elemento educativo è cosi importanti perché è inserito nel processo di arte-terapia: qualora presente è, infatti, in secondo piano rispetto, al problema portato dal cliente o al bisogno colto come centrale nella richiesta di aiuto. [17]

[17] D. Simeone, *La consulenza educativa, Simeone, La consulenza educativa*, 2003 pp.23-31

L'obiettivo è far sì che la persona riesca a potenziare le proprie risorse e a creare le condizioni relazionali e ambientali che contribuiscano al suo benessere. In altre parole, si favorisce la presa di coscienza dei meccanismi interiori che spesso spingono a comportamenti ripetitivi negativi, a processi di paralisi, ansia e conflitto.

Si analizza un processo centrato sulla persona e insieme si sviluppano nuove sperimentazioni e nuove soluzioni fino a stimolare un adattamento creativo dell'organismo all'ambiente.

Si focalizza, quindi, la sua attenzione sulla salute del cliente, differenziandosi invece, sul problema. Si può considerare dopo un'attenta analisi che il consulente ha una strategia di promozione e di prevenzione della salute; infatti, trascende totalmente il problema prendendo in considerazione il benessere personale che, nel caso della relazione, passa dalla sufficienza di relazione, all'ottima partecipazione. Il Consulente ha quindi una strategia di aiuto a una persona (o all'intero gruppo) che si trova in un momento di confusione o conflitto o difficoltà, con l'obiettivo di aiutarla a focalizzare e a comprendere il problema che le procura disagio e a gestirlo, assumendo la responsabilità delle scelte di cambiamento che ne conseguono.

In Italia, il Consulente è cresciuto molto, tant'è che ha ripercosso grandi promozioni in questi ultimi anni, hanno avuto una grande diffusione anche grazie allo sviluppo di organizzazioni che ne tutelano e garantisco la qualità. L'attività di consulenza è intesa come quel percorso che si prefigge di migliorare le abilità del soggetto e di rafforzare le sue competenze, aiutandolo a superare i problemi e ad aumentare la consapevolezza e le proprie responsabilità.

Elaborando le tante dinamicità che si fondano sulla comunicazione interpersonale sostenuta da una chiara intenzionalità educativa, portata a termine di un determinato progetto esistenziale, ci possiamo rendere conto che nel corso della vita, ogni persona può vivere momenti di difficoltà e confusione non necessariamente legati a fenomeni patologici, ma causati da eventi critici, dovuti al passaggio da una fase all'altra del ciclo di vitale oppure ad avvenimenti inattesi, i quali mettono a dura prova la capacità di adattamento e organizzazione del soggetto.

Il cambiamento nella consulenza educativa si muove soltanto se si mirino ad attivare processi di cambiamento ad individuare nella consulenza molti elementi propri delle teorie pedagogiche e delle prassi educative attuali. La consulenza educativa, dunque, può essere definita un'ancora si salvataggio pronta ad elaborare un progetto educativo su di sé e sugli altri. [18]

Il progetto è basato anche sulla relazione di aiuto, intesa in un rapporto tra due soggetti (il consulente e l'utente), che è fondato su processi di scambio efficaci ed efficienti. [19]

Questo tipo di rapporto è considerato un'opportunità per stimolare ed incrementare l'empowerment della persona in stato di bisogno. L'empowerment indica il processo di ampliamento delle potenzialità del soggetto, in modo da aumentare le abilità personali e la possibilità personali attivamente la propria vita. Ecco, dunque che, la consulenza educativa si presenta come un sostegno offerto alla persona per la sua piena realizzazione, come percorso formativo volto ad aumentare l'autonomia del soggetto attraverso lo sviluppo delle sue potenzialità e capacità. Se torniamo alla responsabilità notiamo che la centralità della persona è un aspetto caratteristico sia della consulenza, sia del processo educativo. Inoltre, un aspetto maieutico legato al tirare fuori, al fare emergere.

La consulenza educativa si differenzia dall'educazione, perché è contraddistinta dalla non direttività dall'uso modo relazionali, centrate sull'ascolto, sulla comprensione empatica e sull'accettazione dell'altro. Se per consulenza educativa intendiamo poi un processo di aiuto rivolto al singolo, alla coppia, alla famiglia o alle istituzioni, finalizzato a promuovere le potenzialità educative insite in ogni uomo, essa non può essere identificata come un intervento di tipo riparatori, basato su un modello descrittivo, interpretativo e curativo dell'approccio approccio psicopatologico. Perciò, la consulenza educativa, a differenza di quella psicologica, non solo può nascere da un bisogno predeterminato, ma anche da un'esigenza.

---

[18] L'obiettivo è far sì che la persona riesca a potenziare le proprie risorse e a creare le condizioni relazionali ed ambientali che contribuiscano al suo benessere. Ci rendiamo conto che la consulenza in altre parole, favorisce la presa di coscienza dei meccanismi interiori che spesso spingono a comportamenti ripetitivi negativi, a processi di paralisi, ansia e conflitto Cfr. D. Simeone, La *consulenza educativa, Simeone, La consulenza educativa*, ed., cit., 2003, p. 58

[19] T. C. Piccardo, *Apprendere il counseling Empowerment* , Erickson , Cortina,1995. p.55

Ha ragione di ciò possiamo fare riferimento alla definizione di relazione di aiuto che, nel 1951, C. Rogers diede, ossia una relazione nella quale almeno uno dei due dei due soggetti ha lo scopo di promuovere nell'altro la crescita, lo sviluppo, la maturità e il raggiungimento di un modo di agire più adeguato e integrato.

Dunque, sotto un'analisi più approfondita scopre che la consulenza educativa, innesca un processo di cambiamento, che libera il soggetto, offrendogli nuove opportunità di crescita. Esalta il protagonismo del protagonismo dell'utente, anche quando manifesta conflitti e ambiguità suscettibili di limitarlo nell''esercizio delle sue funzioni. Detto questo, possiamo affermare che il suo obiettivo è quello di aiutare la persona a definire il problema e ad imparare a gestirlo, assumendosi pienamente le responsabilità delle scelte compiute. Si propone alla persona di esplorare, scoprire, chiarire gli schemi di pensiero e di azione, per vivere più coerentemente con se stesso e con gli altri, aumentando il livello di consapevolezza e facendo un migliore uso delle sue risorse.

In pratica: aiutandola ad aiutarsi.

"La relazione di consulenza può variare secondo i bisogni, ma riguarda comunque compiti evolutivi ed è rivolta a risolvere problemi specifici, a far prendere decisioni, a sviluppare dei momenti di crisi, a sviluppare una migliore conoscenza sé, a migliorare le relazioni con gli altri".

Carl Rogers

Quindi, dato che la relazione di consulenza potrebbe variare da situazioni in situazioni, le abilità principali del consulente sono riferite all'ambito relazionale e implicano capacità di ascolto, osservazione, comprensione, interazione, conduzione del colloquio.

Scrive Buber che è l'unica cosa che conta, il punto di Archimede dal quale possiamo da parte nostra sollevare il mondo è la trasformazione di noi stessi.

L'atteggiamento di piena accoglienza, accettazione è un sì che permette all'uomo di esistere e che può venirgli solo da un altro uomo. Nella relazione educativa si sostiene la persona nella progettazione e nella realizzazione d'interventi in cui, responsabilmente, il soggetto mette in gioco le proprie risorse e compie scelte consapevoli. Riprendiamo dunque lo sviluppo di tendenza attualizzante elaborato da Carl Rogers che vede nell'auto-compimento della persona, l'esplicitarsi di una visione ottimistica dell'uomo e di fiducia nelle sue potenzialità già citato concetto di empowerment indica l'aumento delle capacità, lo sviluppo delle potenzialità che il soggetto può praticare e quindi scegliere rendere operative.

L'impulso all'autorealizzazione è determinato dalla libertà. Quel divenire è, in potenza, libero; lo deve diventare, secondo i compiti che si assumerà.

Deve scaturire in maniera sempre più pura dall'iniziativa della scelta; e con trasparenza sempre maggiore esprimere l'essenza interiore. L'intervento educativo, finalizzato all'empowerment, si prefigge di aumentare la libertà e la responsabilità del soggetto, ampliando le sue possibilità di scelta. [20]

Ciò implica il passaggio da un intervento centrato sul problema ad un focalizzato sulle capacità e le competenze personali. Ma la relazione tra consulente educativo ed educando facilita i processi per acquisire le competenze necessarie nella risoluzione di problemi, però, non si propone come elargizione di consigli, ma come strumento di libertà teso a incrementare autonomia del soggetto stesso. Come analizzato possiamo dire che, la consulenza può essere intesa come un rapporto intenzionalmente strutturato, in virtù del quale ci si prefigge di aiutare il soggetto in condizione di bisogno nel processo di auto comprensione, valutazione delle proprie esperienze, al fine di dare inizio ad un percorso di cambiamento positivo.

Il consulente è quella figura che si definisce come un esperto nelle relazioni educative, con competenze specifiche (purtroppo ancora non vi è un riconoscimento legale di tale figura e i corsi di formazione sono prevalentemente offerti da associazioni private).

---

[20] R. Guardini, *Persona e libertà. Saggi di fondazione della teoria pedagogica*, La Scuola, Brescia, 1987, p. 58

Le caratteristiche del consulente educativo possono essere: La comprensione e l'autenticità di cui sono gli assoluti gestori nell'ambito educativo, tale figura è rappresentata da tanti indirizzi come l'empatia (valore fondamentale e di questo ne parliamo più avanti e l'assoluta).

Vi voglio esporre questi tre termini importanti che deve assolutamente padroneggiare un consulente educativo:

1. La complessità cognitiva, intesa come capacità di interpretare e dare un senso a ciò che gli che gli altri dicono o fanno;
2. L' empatia, intesa come condivisione delle empatia, emozioni senza immedesimazione;
3. La facilità di relazionarsi e l'assunzione di un ruolo nel rapporto ruolo comunicativo.

Questi tre fattori sono principali per la capacità di autodeterminarsi e di svolgersi una relazione nel rapporto con in cliente o con l'educando.

Le loro analisi possono sviluppare una facilità di interagire nei campi della consulenza educativa e sociale valorizzando sempre l'intesa nel realizzarsi come partecipante autodeterminante e creativo. Una volta accettati abbiamo possiamo acquisire la capacità di saper accogliere i sentimenti dell'altro senza valutarli, evitando comportamenti intrusivi e investigativi.

Determinati dalla valutazione e di una condivisione o di rifiuto, muovendo da precisi postulati.[21]

Possiamo anche dire che la figura del consulente ha la capacità di uscire dai propri schemi di riferimento per riuscire a comprendere l'altro: ciò è però possibile solo in presenza di una solidità emotiva e un'ottima flessibilità cognitiva.

Assume così una funzione maieutica che consente alla persona di diventare ciò che è, ponendosi in un atteggiamento di ascolto, mettendosi al servizio dell''altro, senza mai giudicare.

---

[21]Il consulente è quella figura che si definisce come un esperto nelle relazioni educative, con competenze specifiche (purtroppo ancora non vi è un riconoscimento legale di tale figura e i corsi di formazione sono prevalentemente offerti da associazioni private). tale figura , tale figura è rappresentata da tanti indirizzi come l'empatia (valore fondamentale e di questo ne parliamo più avanti e l'assoluta). (cfr. D. Simeone, ed., trad., *La consulenza educativa*, 2003 pp. 61-63.

Può essere rivolta al singolo, alla coppia e alla famiglia in strutture qualificate come i consultori familiari, i centri di ascolto per le famiglie oppure all'interno d'istituzioni come le scuole di ogni ordine e grado, le università, gli ospedali, gli ospedali e pure nel mondo del lavoro.
La consapevolezza di sé porta ad una maggiore rendere responsabile della persona, favorendo in essa un adeguato livello di autostima e la capacità di progettazione esistenziale.

Spostiamoci sul fronte delle arti terapie:

Le arti-terapie possono essere intese come trattamenti terapeutici allo scopo di favorire in certi casi anche la guarigione, proponendosi come una tecnica dai molteplici contesti applicativi, che vanno dalla terapia, alla riabilitazione e al miglioramento della qualità della vita.
La Pedagogia speciale ci ha fatto capire che le arti-terapie mettono in moto determinate funzioni che ci consentono di credere ed essere fiduciosi nelle capacità che tutti quanti noi possediamo.
L'arte-terapia, svolge, la funzione non solo di trattamento di malattie, ma anche di trasformazione, evoluzione e crescita dell'individuo, ma svolge lavori di gruppo che aiuterebbero i soggetti a crescere, aprirsi e diventare autonomo.
Possiamo estendere l'uso di queste tecniche anche a pazienti con disturbi "meno gravi", come ad esempio disturbi dell'umore e disturbi d'ansia, nei quali si riscontra grazie all'uso dell'arte-terapia un aumento dell'autostima, un consolidamento dell'Io e un miglioramento delle capacità di socializzazione. Ma con il passare del tempo, possiamo vedere come l'uso dell'arte-terapia sul campo della riabilitazione di soggetti con handicap fisici, ha avuto un riscontro molto positivo.

Come detto prima, il lavoro condotto grazie al supporto delle arti-terapie consente ai soggetti di vivere ed esprimere il proprio spazio interiore e contemporaneamente permette di sviluppare dei nodi conflittuali senza dover necessariamente vivere conseguenze spiacevoli e poco gestibili, perciò, inaccettabili. In conformità a ciò che finora è stato esposto, negli ambienti formativi come nel sistema scolastico, le attività di pedagogia sperimentale che sono riconducibili alla denominazione di arte-terapia siano sostanzialmente assenti, salvo qualche eccezione: cooperative sociali o scuole elementari.

Pur avendo sperimentato qualche metodo terapeutico dell'attività artistica, forse, a volte, non si coglie il nesso fra arte e terapia, ma in ambito educativo si sente spesso parlare di percorsi di arte-terapia soprattutto per quanto concerne l'handicap e le malattie psicopatologiche, perciò, in Italia, l'arte-terapia è utilizzata in alcuni contesti clinici come valido ausilio associato alle tradizionali terapie (farmacologia, psicologia, neuro-psichiatria, ecc.) o in privati come percorso rieducativo attraverso la pratica di attività creative. (come per esempio le attività che si svolgono nelle carceri). Perciò, nella parte tecnica dell'arte-terapia, J.L. Sudres definisce come arte-terapia associativa, fa appello ad un orientamento di tipo psicoanalitico (freudiana e junghiana).

Le attività individuali si alternano a lavori di gruppo, in cui l'elemento sociale e l'elemento relazionale influiscono nel processo terapeutico.

Lo stesso vale per la scelta dei linguaggi da utilizzare, tra i quali rientrano la verbalizzazione come momento di analisi e riflessione; l'evolversi del percorso determina quindi l'adattamento all'oggetto di lavoro in conseguenza delle situazioni creative ed emotive dei partecipanti.

L'oggetto creativo diventa oggetto di trasformazione in grado di evocare il passato e immaginare il futuro, per fornire tutta la sua ricchezza e intensità.

Gli strumenti con cui tali discipline operano: musicale, corporale, sono linguaggi archetipi che spesso sacrifichiamo a vantaggio del "verbo" e che spesso dimentichiamo di possedere.

Come già osservato, la sofferenza empatica sembra essere una risposta piuttosto semplice: soffriamo quando vediamo qualcuno che sta soffrendo.

Ma quando si considera la sofferenza empatica in osservatori maturi, la sua complessità emerge sin da subito, immediatamente.

Le attività di arte-terapia integrata a diversi approcci complementari possono essere proposte in diversi contesti educativi e formativi, non limitandosi esclusivamente ai disturbi del comportamento.

Si scopre durante gli studi fatti che l'arte-terapia può fornire strumenti preziosi per affrontare situazioni di disagio temporaneo, problematiche relazionali o più semplicemente per migliorare la formazione e il benessere individuale e collettivo.

Su questo punto si sono spese in questi anni molte polemiche riguardanti la paternità vera.
O presunta del termine arte-terapia per queste attività, non direttamente rivolte a soggetti Clinicamente patologici, a questo punto possiamo pur presentando il problema rivestire un significato importante per la definizione di determinate pratiche il cui valore educativo è fondamentale per le attività di arte-terapie.
In effetti, il significato in ambito educativo che è generalmente attribuito ai percorsi sulla creatività, è in linea con i presupposti e le finalità riconosciute.
Il lavoro dell'arte-terapia consente al soggetto di vivere ed esprimere il proprio spazio interiore e contemporaneamente e permette di far affiorare alcuni nodi conflittuali senza dover necessariamente vivere conseguenze spiacevoli e poco gestibili, perciò inaccettabili.
I laboratori di arte-terapia previsti nell'ambito scolastico si propongono di fornire uno strumento d'indagine e guarigione, ancora una preziosa e profonda esperienza sui processi e le dinamiche della creatività al fine di arricchire la persona e favorirne la crescita culturale e il benessere in rapporto con il contesto di appartenenza.
Determinante il rapporto soggetto-oggetto-contesto, dove per soggetto s'intende l'individuo, è il suo agire creativo e per contesto le relazioni con gli altri.
Tutto mira alla crescita personale, al riconoscimento e alla correzione di comportamenti un problema, al rilassamento, alla conoscenza e consapevolezza di sé, alla riattivazione delle risorse individuali attraverso la creatività. [22]

---

[22] C. Palmieri, *La cura educativa. Riflessioni ed esperienze tra le pieghe dell'educare*, Franco Angeli, Milano, 2003 p.11-27 Questa cura determina al giorno d'oggi uno stimolo per la società, perciò, in Italia l'arte-terapia viene utilizzata in alcuni contesti clinici come valido ausilio associato alle tradizionali terapie (farmacologia, psicologia, neuro-psichiatria, ecc.) o in privati come percorso rieducativo attraverso la pratica di attività creative. (come per esempio le attività che si svolgono nelle carceri).

E` un aiuto, un rinforzo, un sostegno, un appoggio chiarificatore: qualcosa che spera di contribuire allo star bene dei ragazzi, adattandosi empaticamente alla situazione di ognuno.
Sembra paradossale pensare che, in base a ciò che finora abbiamo sviluppato nei contesti formativi come il sistema scolastico, le attività riconducibili alla denominazione di arte-terapia siano sostanzialmente assenti, salvo qualche eccezione, è inaccettabile.
Molti problemi che oggi affliggono le persone deriva dalla società in cui viviamo; nel paragrafo successivo evidenzio la situazione dei bambini di oggi, quella che vedo e percepisco tutti i giorni, di conseguenza, quella che vivono anche gli adulti.

L'utilizzo delle arti-terapie nei reparti di Oncologia:

Infatti, è spesso usata anche come strumento di sostegno nel trattamento di malati terminali di AIDS e dei malati oncologici, dove grazie anche ad un semplice scarabocchio, ballando o assumendo determinate posizioni, è possibile scaricare lo stress, le tensioni e alleviare quel senso di torpore che spesso fa dimenticare di avere un corpo.

Per quanto riguarda invece l'area dell'educazione, mi riferisco invece al trend, più nuovo, di utilizzare l'arte-terapia anche con persone "normali", o comunque non portatrici di disagi specifici, come forma di educazione. Alla sensibilità, alla creatività, all'autoconsapevolezza e all'accettazione di sé.

Sono tante, infatti, le situazioni quotidiane in cui le persone, sia adulti sia bambini, avvertono una sensazione di "crisi", di difficoltà, e il bisogno di ristabilire l'equilibrio con se stessi e con il mondo esterno (lutti, separazioni, insuccessi a scuola o nel lavoro).

Inoltre, ritengo che l'arte-terapia possa costituire quello spazio e quel tempo in cui incontrare noi stessi, esprimere le nostre emozioni, qualunque esse siano, confrontarci con i nostri aspetti più profondi, e sperimentarci in diverse abilità, per promuovere l'autoconsapevolezza e mantenere o ritrovare il benessere.

La ricerca educativa sperimentale può corrispondere alla volontà di educare e determinare il modo assoluto di educare; essa si trasforma sul piano metodologico in una progettazione educativa.[23]

Infatti, la realtà è multiforme ed è in continua trasformazione, ma per conoscere meglio la realtà che ci circonda e per progettare azioni educative efficaci ci tocca innanzitutto valutare gli esiti dell'azione educativa. Il tema di tutto ciò sta alla ricerca del problema conoscitivo.

I metodi sulla quale bisogna avviare la ricerca educativa: motivazione e rendimento scolastico e il comportamento del gioco del bambino.

Nel quadro teorico troviamo il panorama degli asserti teorici su cui si basa la ricerca che stiamo conducendo, tutto questo si definisce spazio degli attributi con cui è possibile rappresentare più soggetti sulla base degli asti assunti dalle loro specifiche proprietà, detti appunto attributi.

Nella ricerca educativa emerge che il quadro teorico insieme a dei riferimenti teorici danno conto dei paradigmi del ricercatore, delle scuole del pensiero a cui si appoggia, delle teorie e dei modelli che utilizza per formulare le ipotesi. Tali ipotesi riguardano lo stato del ricercatore che formula un legame o dipendenza tra due o più fattori. [24]

---

[23] C. Coppelli , *usa l'arte per non essere in disparte*, Carpi, La Litografica, 2001, p.62-70

[24] Cfr., R. Trinchero, *Manuale di ricerca educativa,* ed., cit., Roma, 2002: Franco Angeli, pp. 20-44. L'area dell'educazione, mi riferisco invece al trend, più nuovo, di utilizzare l'arte-terapia anche con persone "normali", o comunque non portatrici di disagi specifici, come forma di educazione alla sensibilità, alla creatività, all'autoconsapevolezza e all'accettazione di sé. Penso che l'arte terapia possa costituire quello spazio e quel tempo in cui incontrare noi stessi, esprimere le nostre emozioni, qualunque esse siano, confrontarci con i nostri aspetti più profondi, e sperimentarci in diverse abilità, per promuovere l'autoconsapevolezza e mantenere o ritrovare il benessere psicofisico.

La ricerca educativa sperimentale può corrispondere alla volontà di educare e determinare il modo assoluto di educare; essa si trasforma sul piano metodologico in una progettazione educativa.

1.2. L'utilizzo delle arti-terapie nei linguaggi empatici.

"Il nostro obiettivo: elaborare una pedagogia che insegni ad apprendere, ad apprendere per tutta la vita dalla vita stessa."

Rudolf Steiner

L'arte in genere, in tutte le sue manifestazioni, si rivolge, infatti, alla complessità della dimensione umana e consente, con maggior forza ed immediatezza, l'espressione di sentimenti, emozioni e vissuti, favorendo autentiche forme di contatto e relazione con se stessi e con gli altri.

La musica, la danza, il teatro e l'arte si offrono, in particolare, come spazio per esprimere tale dimensione emozionale, come contenitori in grado di accogliere e dare valore alle emozioni, di dare spazio al processo creativo, inteso come area del pensare, dove possono prendere forma o aspetti che hanno a che fare con il non detto, con il non ancora pensato.

Accade così che s'impara ad acquisire consapevolezza dei propri vissuti, dei propri confini, non solo corporei ma anche emotivi, a far diventare storia il passato, a riconoscere il proprio vertice d'osservazione come punto di partenza per star bene con se stessi e con gli altri.

Perché sperimentare in libertà, un'emozione consente di imporle il giusto nome, di riconoscerla e di accettarla come parte di sé.[25]

Ciò che proviamo e sperimentiamo si riflette nella nostra produzione artistica in termini di qualità ed intensità di linee, tratti, colori e movimenti.

[25] J. Campbell, *Attività artistiche di gruppo*, ed., cit., Trento, Erickson, 1996, pp.07-11.

Per questo, l'espressione artistica si propone come un riflesso, una rappresentazione simbolica del nostro mondo interno e delle modi che solitamente usiamo nel rapportarci alla realtà, sia esterna sia interna.[26]

Gli effetti di una seduta arte-terapeutica continuano a produrre risultati anche dopo la seduta stessa, e gli stimoli ricevuti entrano a far parte di un'esperienza profonda che la persona può integrare nella propria vita di tutti i giorni. La preparazione specifica da parte della persona la quale trova nel terapeuta non un insegnante d'arte, bensì una persona in grado di stimolare il suo processo creativo. Si cerca piuttosto di creare un ambiente che faciliti l'espressione attraverso determinati canali e che sostenga e approfondisca il legame con il terapeuta.

L'obiettivo della terapia dovrebbe essere quello di mettere in grado l'educatore di vivere in modo attivo il proprio processo creativo, ma tale obiettivo deve essere raggiunto, se possibile, in modo costante e graduale, non può in ogni caso, essere imposto.

L'arte-terapia è capace di rimuovere in profondità e portare a galla. In questo contesto il termine "terapia" assume il significato di "cambiamento". Ma l'utilizzo di questo linguaggio rende l'arte-terapia, il prodotto più artistico che rappresenta un fattore di arricchimento e di crescita creativa, ma in tal modo, pur rispettando i meccanismi di difesa del proprio intimo, l'espressione è libera; si può raccontare, tramite essa, qualsiasi cosa.

Questo fatto favorisce anche l'autoconsapevolezza e l'attivazione di risorse creative.

Pertanto, l'arte-terapia riesce a superare i limiti delle terapie solo verbali, poiché è molto più facile parlare di un disegno, di una poesia, di una fiaba che di se stessi. Quindi l'arte-terapia permette a tutti di esprimere sentimenti ed emozioni di cui è difficile parlare; di identificare e affrontare conflitti e blocchi emozionali; di migliorare la conoscenza e il rapporto con il proprio corpo; di aumentare l'autoconsapevolezza; di incrementare l'autostima e la propria identità e individualità; di sviluppare nuove strategie di comportamento; di incrementare le capacità di

[26] T. Casula, *Impara l'arte*, Torino, Einaudi, 1974, p.15

relazione e comunicazione con il mondo esterno. L'impiego dell'arte-terapia si espande e si sviluppa soprattutto come strumento di sostegno. [27]

Se si osserva l'arte-terapia, può essere estesa in contesti meno gravi come i disturbi dell'umore e di ansia, nei quali si è riscontrato, grazie all'uso dell'espressione artistica, un aumento dell'autostima, un consolidamento dell'io e un miglioramento della capacità di socializzazione.

Oggi si tratta l'arte-terapia non solo sui disabili ma anche sui malati di AIDS e gli oncologici. (Lo abbiamo spiegato nel paragrafo precedente) Infatti l'esprimersi in attività creative aiuta queste persone a scaricare le loro emozioni.

> "affermando che loro, e solo loro, possono tracciare quei particolari segni sulla carta o sulla tela hanno maggiori opportunità di conoscere sé stessi e il loro diritto di essere rispettati e di volersi bene"
>
> C. Warren

L'area della consulenza educativa è il trend più nuovo e ampio per utilizzare l'arte-terapia come forma di educazione alla sensibilità, alla creatività, all'autoconsapevolezza e all'accettazione di sé. Sono innumerevoli, infatti, le situazioni in cui le persone, sia adulti e anziani sia bambini, si trovano ad affrontare una "crisi" personale e sentono il bisogno di ristabilire l'equilibrio con se stessi e con il mondo esterno (lutti, separazioni. insuccessi scolastici o lavorativi, inserimenti in case di riposo etc.).

L'arte-terapia anche in questi casi può aiutare a superare i propri conflitti e a ritrovare la fiducia in se stessi. inoltre, in una società attuale c'è sempre meno spazio per la creatività e la fantasia - intese nel senso di esprimere se stessi e svolgersi una relazione con l'esterno in modo nuovo, originale e flessibile all'adattamento - e in un mondo sempre più frenetico ed eccessivamente

---

[27] Cfr., J. Campbell, *Attività artistiche di gruppo*, ed., cit., Trento, Erickson, 1996, pp.07-20. l'utilizzo del linguaggio rende l'arte terapia il prodotto più artistico che rappresenta un fattore di arricchimento e di crescita creativa, ma in tal modo, pur rispettando i meccanismi di difesa del proprio intimo, l'espressione è libera; si può raccontare, tramite essa, qualsiasi cosa.
Questo fatto favorisce anche l'autoconsapevolezza e l'attivazione di risorse creative.

stimolante, dove non c'è lo spazio per conoscere se stessi e per ascoltare la propria interiorità, l'arte-terapia è una grande risorsa perché può costituire quello spazio e quel tempo dedicato all'incontro con se stessi, con la parte più profonda di noi, sperimentando le nostre diverse abilità e in tal modo mantenere o ritrovare un autentico benessere.

È il linguaggio, infatti, che ci permette di comunicare agli altri le nostre emozioni in modo efficace, oltre ad essere un potente mezzo di regolazione di quelle stesse emozioni, sia per noi stessi sia nelle persone con cui interagiamo.

Quindi, anche il linguaggio è parte del processo che chiamiamo empatia.

1.3. La Musicoterapie come strumento di innovazione educativa

La musica rappresenta uno strumento molto potente soprattutto per la sua valenza evocativa e regressiva. Fare o ascoltare musica, infatti, attiva le zone ipotalamiche del cervello legate ai più antichi meccanismi di sopravvivenza, mentre il ritmo riporta al contatto con il ritmo cardiaco materno in fase intrauterina. La musica, infatti, introduce la persona in un'atmosfera psicologica, dove la relazione con gli aspetti coscienti di sé s'indebolisce permettendo di entrare in contatto con le parti più profonde della psiche.[28]

Inoltre, la musica facilita, il rilassamento sia fisico sia mentale e migliora tutta una serie di funzioni fisiologiche, come la respirazione, il battito cardiaco e la pressione sanguigna.

Anche la musica può essere usata in terapia sia in forma attiva; cioè producendo musica con diversi strumenti che passiva; cioè lasciandosi cullare dalle note di brani musicali scelti dal terapeuta a seconda delle finalità terapeutiche.[29]

---

[28] De fonzo Mirella, *Neurocanto-salute e benessere con le arti-terapie*, Armando Editore, 2018, pp.43-60-

[29] Ivi, 70-75

Lo scopo, in generale, è quello di aiutare il soggetto ad esplorare i vissuti emotivi derivati dal contatto con la musica e rielaborare le immagini e i ricordi suscitati.

Perché emerge da vari sviluppi che la musicoterapia è utilizzata per giungere, attraverso un dialogo sonoro, ad un'armonizzazione e ad una sua maggiore integrazione.

Essa, infatti, permette al musico-terapista di interagire e sintonizzarsi con il paziente, di immedesimarsi nelle sue emozioni e di instaurare, tra terapeuta e paziente, interazioni personali oltre che musicali.[30]

Ad esempio, se la musica del paziente è ipertesa o lenta, il musico-terapista può introdurre temi con ritmi più lenti o più veloci per contrastare la dinamica e la velocità del paziente; se la musica del paziente non è congruente con il linguaggio del proprio corpo o con il suo stato d'animo, il musico-terapista può cercare di armonizzare questi aspetti discordanti per creare un sentimento di unione. A seconda di come il paziente risponderà allo stimolo fornito dal musico-terapista che inizierà una relazione intersoggettiva per mezzo della musica e del suono, che è ciò che si definisce improvvisazione.
Per musicoterapia ricettiva s'intende la somministrazione di una o più musiche preregistrate o realizzate al momento.[31]

L'incontro di musicoterapia individuale si articola in tre fasi:

1. **Il contatto con l'incontro precedente:** La seduta si apre in linea.
   melodica o frammento ritmico presente nel dialogo sonoro della seduta.

2. **Lo spazio d'improvvisazione sonora:** Il musico-terapista invita il paziente ad utilizzare un certo strumento, oppure comincia a produrre ad esempio su uno xilofono, una semplice sequenza ritmico melodica e la propone al paziente, attuando così l'improvvisazione.

[30] De Luca Arturo, *La musica transpersonale. Suoni New Age e armonie interiori*, Editore Xenia, 1996,pp.17-33.
[31] I. Cecoli, *il canto curativo- un percorso di conoscenza cambiamento e auto-terapie*, OM, 2018, pp.11-25.

Nel caso in cui c'è la possibilità di comunicare con la parola, il musico-terapista può dare al paziente consegne verbali come: "inizia a suonare e cerca di esprimere cosa provi in questo momento"; "osserva questo disegno e poi inizia a suonare cercando di esprimere cosa ti ha comunicato il disegno stesso", "ascolta questa canzone e proviamo a suonare le emozioni che ci hanno comunicato".

3. **La conclusione dell'incontro:** I modi di conclusione saranno diversa seconda della gravità del quadro clinico del paziente: nel caso di pazienti in grado di guidarsi autonomamente sarà possibile parlare di tutto ciò che è avvenuto durante la seduta e di elaborarlo; nel caso di pazienti gravi che non accedono al linguaggio, sarà il musico-terapista a trovare i modi per comunicare al paziente l'approssimarsi del termine della seduta come ad esempio: uno sguardo particolare rivolto al paziente, alzarsi e prendere dolcemente la mano del paziente, un suono che per il paziente equivale al concetto di fine.[32]

Dopo tali sviluppi possiamo analizzare che si lavora direttamente sull'emotività e sui processi mentali consci ed inconsci e quindi è il massimo il livello di coinvolgimento affettivo nella relazione, sia da parte del paziente sia da parte del terapeuta.
Ad oggi, è stato emerso che la musicoterapia è considerata quindi una disciplina fondata su basi scientifiche ormai approvate.
Dunque, lo scopo della musico-terapia non è una rimozione totale delle cause che hanno generato le patologie o le situazioni di disagio, ma quello di migliorare la qualità della vita delle persone, di sviluppare le loro qualità e risorse.

In quest'ottica si può affermare che la musico-terapia è in realtà usata molto più spesso come insieme di tecniche atte alla prevenzione ed alla riabilitazione che non alla terapia.
Il suo intervento per le sue caratteristiche di linguaggio non verbale e per il fatto di favorire la relazione fra mente e corpo, può agire tanto in senso riabilitativo.

---

[32] G. Manarolo, *Manuale di Musicoterapie*, Carocci, 2020, pp.20-51

Allora possiamo costatare che la musica agisce sul sistema neurovegetativo, cioè sul quel sistema che regola le funzioni del nostro organismo: la traspirazione, la pressione sanguigna e il ritmo cardiaco.

L'esempio più riscontrato e più conosciuto di applicazione della musico-terapia è proprio quello del soggetto affetto da autismo, chi si trova in una condizione problematica tale da portarlo a rinchiudersi in se stesso negando la comunicazione verso l'esterno. Quindi, quello che può fare la musica è davvero importante come offrire un processo di apertura mettendo il mondo esterno in comunicazione con il malato.

Allora il mirato lavoro del musico-terapista all'interno della struttura di recupero è rivolto alla scoperta d'input musicali per cercare un contatto positivo e, se possibile, evolutivo, dell'utente a carico. Riuscire ad applicare una terapia per tempo significa avere maggiori possibilità di successo, e in vari casi, a volte anche il reinserimento nella società.

Allora, l'obiettivo del musico-terapista è scoprire la giusta nota di collegamento capace di donare un risveglio empatico alla vita di queste persone. Ma sulla base di questa realtà ci si è resi conto della necessità di offrire, attraverso discipline espressive, degli stimoli di carattere relazionale e, possibilmente, cognitivo comunicativo.

Tutto questo ruota intorno a una sorta di empatia che attraversa e aumenta la recettività e l'attenzione reciproca. [33]

Ritengo opportuno spiegare meglio cosa sia la musico-terapia, o meglio "cosa e quante sono le musico-terapie".

---

[33]Lo scopo della musicoterapia non è una rimozione totale delle cause che hanno generato le patologie o le situazioni di disagio, ma quello di migliorare la qualità della vita delle persone, di sviluppare le loro qualità e risorse. In quest'ottica si può affermare che la musicoterapia è in realtà usata molto più spesso come insieme di tecniche atte alla prevenzione ed alla riabilitazione che non alla terapia. Ad oggi, è stato emerso che la musicoterapia è considerata quindi una disciplina fondata su basi scientifiche ormai approvate. E il suo intervento per le sue caratteristiche di linguaggio non verbale e per il fatto di favorire la relazione fra mente e corpo, può agire tanto in senso riabilitativo. Cfr., G. Manarolo, *Manuale di Musicoterapie*, Carocci, ed., cit., 2020, pp.20-55.

La musicoterapia come approccio relazionale:

Il suono dunque diviene un "ponte comunicativo" con persone le cui norme espressive non vertono tanto sull'utilizzo efficace del canale verbale quanto piuttosto di quello non-verbale; in tal senso l'espressione vocale, la mimica del volto, la gestualità, se adeguatamente decifrate, possono costituire una base comunicativa implicita con la persona affetta da demenza.

La relazione del musico-terapeutica ha favorito nel paziente un processo di espressione e regolazione delle proprie emozioni determinando momenti di maggiore autenticità, sintonia e congruenza nelle dinamiche interpersonali.
Il risultato di tale percorso ha condotto a un livello di maggiore compartecipazione sul piano dell'attenzione, delle intenzioni e degli stati affettivi.
Gli obiettivi o gli esiti del trattamento specifico, per quanto possa riguardare l'aspetto cognitivo e funzionale, non ci sono cambiamenti espressivi nel corso del trattamento.

1.4. Altre terapie nelle relazioni educative:

"Creando potevo guarire, creando ritrovavo la salute".

Soren Kierkegaard

La Sincro-terapia:

è frutto di un'osservazione, di una pratica e di una sperimentazione che si svolge da più di un decennio. Essa si rivela un approccio atto a sintonizzare e armonizzare diversi orientamenti e discipline, basandosi su un metodo fondato sull'integrazione d'osservazione e teorie cliniche e psicoterapeutiche attraverso la partecipazione delle persone.

È proprio la costante dettata dalla danza in acqua che caratterizza la versatilità di quest' arti-terapia. [34]

L'analisi dei comportamenti non verbali, dei gesti archetipici, dei significati simbolici universali a essi sottesi sono potuto essere individuata grazie alla principale metodologia per la raccolta di dati: l'osservazione.

L'osservazione è una tecnica non verbale che consente uno studio in profondità dell'individuo e di un sistema nella sua globalità, può essere partecipante, se l'osservatore prende parte a ciò che osserva e non partecipante (ad esempio dietro uno specchio direzionale); può essere inoltre non divisa (quando non si cerca un comportamento specifico, ma si osserva semplicemente ciò che accade), semi strutturati o strutturati. [35]

---

[34] https://www.nuoveartiterapie.net/la-rivista/
La rivista Nuove Arti Terapie , trimestrale, edita dalla Nuova Associazione Europea per le Arti Terapie, Roma.
[35] J. L. Sudres, *L'arte terapia con gli adolescenti,* Magi, Roma, 2000, p.34.

La fase preliminare di questo studio è caratterizzata da un'osservazione semi strutturata (in seguito approfondita da più articolate elaborazioni dei dati raccolti).

Il metodo dell'osservazione consente uno studio profondo dell'individuo nella sua globalità, intesa come quell'insieme di vissuti, relazioni e rapporti interpersonali che si giocano nel continuo divenire di un sistema di equilibri. Inoltre è importante rilevare che la natura primaria della relazione osservatrice – osservato consente maggiori e dirette conoscenze del soggetto stesso. L'osservazione sul campo ha consentito uno studio mediante un approccio antropologico etnologico dei codici interpretativi.

L'arte-terapia in un reparto di Oncologia Pediatrica.

Questo è un progetto si concentra su un lavoro fondamentalmente versato sui bambini malati e sulle loro esperienze più dolorose, le parti sane di sé, cioè tutte le risorse possibili da sfruttare per riqualificare l'esperienza della malattia. E' un lavoro inteso a risvegliare modi adattativi e di sviluppo attraverso attività che permettano loro di affrontare e superare esperienze dolorose, di imparare a modularle in sintonia con le richieste dell'ambiente.

Per questo diventa necessario supportare i bambini e i loro genitori mentre vivono queste situazioni di particolare impatto traumatico.

Una richiesta che riguarda l'esigenza dei bambini, ricoverati in un reparto di oncologia a lunga degenza, di dare "corpo" alla loro sofferenza, di comprendere la situazione di anormalità e di disagio che stanno vivendo fuori dall'ambiente familiare e dalle loro abitudini, catapultati in una dimensione di separazione che può essere vissuta in maniera traumatica e può causare fenomeni di regressione, manifestazioni di aggressività che incidono sfavorevolmente sul processo di crescita e sviluppo del bambino.

Il progetto si rivolge al bambino malato e ricoverato che può manifestare disturbi comportamentali e della personalità e parte dalla costituzione di un laboratorio in cui, attraverso discipline riabilitative come può essere la dramma terapia, si propone un intervento qualificato come attività di sostegno, di accompagnamento, di orientamento e di contenimento dell'esperienza. Una proposta d'intervento di arte-terapia che si rivolge a bambini in età scolare, dai cinque ai dieci anni, ricoverati in un reparto di oncologia o leucemia a lunga degenza.

Il progetto della durata di sei mesi, prevede incontri di un'ora ciascuno a giorni alterni ed è strutturato in fasi precise di lavoro: presentazione della favola, narrazione, scelta di un personaggio e caratterizzazione, disegno del personaggio scelto per realizzare burattini, costruzione di un teatrino.

Alcuni mediatori poi sono particolarmente espressivi in quanto, data la particolare risonanza emotiva dell'esperienza, permettono di attivare le abilità e che emerga la creatività, senza ricadute particolarmente pesanti sull'emotività del bambino. È previsto, infatti, l'uso di media proiettiva secondaria (burattini, maschere, pupazzi), costruiti all'interno del processo de laboratori che facilitino la giusta distanza dall'emozione e ne consentano il riconoscimento e la modulazione. Costruire una storia utilizzando i pupazzi realizzati durante il laboratorio, permettono al bambino di venire a contatto con i propri vissuti attraverso la simulazione, che ne alleggerisce la portata, e attraverso la possibilità di creare una storia.

Il lavoro prosegue con la costruzione di un teatrino, lezioni/prove aperte e lavoro con i genitori, ma anche lavoro con il corpo, laddove si ritenga opportuno e sia reso possibile dalle condizioni fisiche del paziente. È anche previsto l'uso di strumenti musicali forniti dall'operatore, tra cui ognuno dei partecipanti potrà sceglierne uno che suonerà a suo piacimento, senza possedere specifiche competenze musicali, ma solo per tradurre in suono un'emozione e per giocare con i suoni delle emozioni.

L'obiettivo finale del progetto è di ideare, creare e realizzare un teatrino dei burattini in cui rappresentare la storia sviluppata attraverso le attività laboratoriali e di realizzare, come evento conclusivo del percorso laboratoriale, uno spettacolo itinerante (a tecnica mista: teatro di attori, di figura e musicale), che diventi una possibilità di condivisione con tutti i pazienti del reparto.[36]

L'intervento è stato pensato articolando l'uso della storia in conformità a una strutturazione simbolico/metaforica, cioè la creazione di uno schema che faciliti la comunicazione attraverso la selezione di scene espressive, con personaggi caratterizzati precisamente come buoni o cattivi, dentro una cornice di cui fanno parte paure, angosce, sogni e desideri comuni a tutti i bambini e inerenti a timori e fantasie rispetto al proprio corpo.

Se questi bambini hanno la possibilità di "fare teatro" e di giocare a trasformarsi può significare che possono riuscire a prendere una giusta distanza dal trauma che hanno subito.

---

[36] B. Warren, *Arti terapia in educazione e riabilitazione*, Erickson , Trento, 1996, pp.07-19.

La condizione di normalità e di salute può assumere il significato di una perdita dell'istinto alla rivolta e alla fuga, per questi bambini malati diventa una trasformazione creativa della sofferenza, della diversità imposta dalle esperienze.

L'arte-terapia in un reparto di oncologia pediatrica.

La poesia-terapia

Questa terapia rappresenta una delle forme di aiuto della mente, uno stimolo per utilizzare quella tipologia di pensiero narrativo che aiuta a organizzare e riorganizzare le memorie, il che, permettono di esprimere le emozioni e trasformandole da astratte, ignote e talvolta in sensazioni.

La poesia, composta in sonetti, in rima o, più liberamente, in versi sciolti, presente nel testo di una canzone, recitato su una musica, talvolta costituita solo dai ritmi delle emozioni interiori, la più spontanea e profonda possibilità di narrazione dell'anima.[37] Utilizzata sin dall'antichità come forma preferita per esprimere emozioni forti personali e sociali, per comunicare messaggi indelebili nel tempo, la poesia è diventata oggetto di studi e dello sviluppo di metodi specifici che l'hanno trasformata in uno strumento di aiuto alla mente e in una vera e propria tecnica di aiuto in situazioni quotidiane o in presenza di disagi. La poesia ha certamente un suo naturale potere liberatorio. Tuttavia, come accade ormai da qualche tempo nel campo delle arti, come danza, teatro, disegno, scrittura, si fa presto a dire "terapia", marcando dei benefici che un'attività può produrre spontaneamente, ma che non possono essere definiti "cura" o "metodo di aiuto" senza fare riferimento a una teoria, a dei metodi operativi e possibilmente alla valutazione iniziale e finale degli aspetti su cui si interviene positivamente, garantendo la possibilità di poter controllare e riproporre in futuro le metodologie che hanno mostrato un'azione terapeutica.

È per questo che è necessario chiarire cosa si intende per "poesia-terapia", termini spesso abusati e travisati, talvolta improvvisati da poeti che li utilizzano impropriamente per riferirsi all'uso della poesia che allevia i malumori.

---

[37] G. Bartalotta, *Manuale di arte terapia poetica. La poesia per liberare il nostro inconscio*, Edup, Roma, 2003, pp.13-23

Possono essere utilizzati nel campo della poesia per definire la pura e semplice adozione della scrittura o della lettura, senza l'applicazione delle tecniche specifiche sviluppate in questi ambiti.

La "poesia-terapia" sono invece metodologie creative e alternative a quelle tradizionali di aiuto alla mente, fondate su tecniche specifiche di utilizzo della scrittura poetica e della lettura di poesie, con finalità di consapevolezza e supporto a stati emotivi e cognitivi (pensieri).

Con la lettura e scrittura poetica sono utilizzate le tecniche ritenute più utili per il recupero del benessere e per migliorare alcuni atteggiamenti negativi. Infine, si giunge alla rielaborazione finale del lavoro fatto, dei risultati ottenuti, in modo da raggiungere un'esplorazione poetica finale auto-valutativa.

La condizione di tali programmi pertanto richiede una formazione specifica che contempli la conoscenza d'importanti aspetti di psicologia applicata, di comunicazione, e di tecniche specifiche di poesia-terapeutica. L'accento invece non va posto sulle diverse forme poetiche, aspetti tecnici che potrebbero essere utilizzati in forma limitante all'espressione di sé.

Tecniche di aiuto alla mente tramite la poesia:

I modi di applicazione della poesia per aiutare la mente non sono semplici forme di composizione poetica libera, bensì forme indubbiamente creative di "poetizzazione" guidata per raggiungere obiettivi graduali attraverso tecniche creative, letterarie e di drammatizzazione sviluppate grazie ai contributi provenienti principalmente dalla psicologia della scrittura. Un percorso di poesia inizia durante il quale ci si può avvalere di diverse griglie di auto-osservazione guidata di stati emotivi, di diari di bordo del percorso. Di seguito però, attraverso le varie dinamiche dello studio sono descritte le principali tecniche utilizzabili in percorsi individuali o di gruppo di poesia-terapia, selezionandole sulle diverse esigenze.[38]

[38] Ivi, 31-40.

La **"scrittura poetica primitiva"** e la **"poesia-follia"**, sono due tecniche utili in fase iniziale e finale, che parte da stimoli-emotivi, costituiti nel primo caso da più parole o temi di apertura e nel secondo caso da un'unica parola-stimolo, per ricostruire in chiave poetica la situazione di partenza, attraverso la narrazione iniziale di sé e delle proprie emozioni del momento.

Il **"sogno poetico"** è un modo di scrittura di poesie che nasce dopo aver eseguito uno stato di rilassamento guidato (allo scopo di attivare le parti più creative, allontanandosi dai filtri razionali della quotidianità).

È una metodologia che può essere utilizzata come tecnica per liberare le emozioni legate a situazioni difficili, negative, traumatiche e non elaborate, oppure per imparare a conoscere meglio il proprio mondo interiore in situazioni in cui il proprio comportamento appare limitato da aspetti psicologici che sfuggono alla consapevolezza.

La **"poesia simbolica"** è una tecnica molto utile per superare una delusione, una perdita, un cambiamento, per staccarsi lentamente da stati di dipendenza affettiva oppure per fissare le motivazioni che possono ricucire legami controversi importanti, attraverso creazioni che possano ricordare le emozioni provate nei confronti di una persona con cui si mantiene un legame irrazionale e doloroso.

La **"poesia positiva"** è una forma di **"poetizzazione"** che cattura prospettive positive alla vita, sviluppando le possibilità di "pensiero positivo" e alimentando nuove emozioni, aiutando a superare quelle tendenze a concentrarsi sui momenti emotivi negativi amplificandoli, come avviene nelle persone con tendenze depressive.

La **"poesia immaginativa"** è una tecnica di lettura di poesie, assume una funzione simile a quella della "poesia positiva", ossia di aiutare a sviluppare una rappresentazione di sé in una situazione, associata a emozioni positive.

È molto utile per affrontare paure e situazioni ansiogene. Spesso si può partire da una "poesia immaginativa negativa" per giungere a sviluppare e ad assorbire emozioni.

Un altro metodo consiste nella stimolazione della creazione attraverso la lettura-recitazione emotiva di poesie altrui che si riferiscono all'evento da rielaborare. La poesia-terapia può essere fondate su diversi programmi.[39]

La creazione artistica completa la possibilità di espressione emotiva poetica, esaltando spesso le tensioni emotive con la forma o lo spazio, come avviene ad esempio nella tradizione poetica in cui le parole possono essere giocate in modo ambiguo ponendo l'accento con ciò che è stato detto in verbo poetico, per una vera e propria "poesia visiva".[40]

La psicologia del colore e la cromoterapia sono accostate alla poesia, come la musica, per suscitare o rilevare alcune emozioni, spesso insieme alla teatralizzazione espressiva che consente di interpretare e comunicare agli altri le emozioni che simbolizzano quelle parti di sé che si desidera consolidare e affermare nell'ambiente sociale.

Infine, le attività di gruppo di poesia-terapia sono spesso svolte sullo sfondo di un contatto terapeutico con la natura la cui utilità è stata sottolineata dall'eco-psicologia quanto dalle filosofie orientali.

---

[39] J. Y. Revault, *Guarire con la scrittura*, Red Edizioni, Milano, 2005, pp.11-21.

[40] M. Monaco, *Dei giorni di sole e delle notti di pioggia:dalla poesia alla poesia-terapia*, In Press, Palermo,2006, pp.47-50. "È una metodologia che può essere utilizzata come tecnica di abreazione per liberare le emozioni legate a situazioni difficili, negative, traumatiche e non elaborate, oppure per imparare a conoscere meglio il proprio mondo interiore in situazioni in cui il proprio comportamento appare limitato da aspetti psicologici che sfuggono alla consapevolezza ed al controllo cosciente."

La Fiaba terapia

È una buona abitudine quella di leggere ai bambini/giovani storie in grado di coinvolgerli in "viaggi con la fantasia" che, oltre a rappresentare delle affascinanti attività ricreative, possono essere trasformate in strumenti di educazione e persino di "terapia" volta alla risoluzione di problemi comportamentali ed emozionali. Dunque, i racconti adottati secondo le norme operative della cosiddetta "fiaba-terapia", possono far crescere le abilità immaginative e di comprensione della vita quotidiana, ma possono anche sostenere lo sviluppo di alcuni aspetti importanti della personalità e quindi anche di aiutare a padroneggiare tensioni, chiusure, ansie e malesseri interiori anche dei comportamenti che nascondono tentativi di fronteggiare i vissuti più difficili.

Il linguaggio di fiabe tuttavia non è un mondo riservato solo ai più piccoli, ma si pone piuttosto come un universo simbolico in cui è possibile scoprire l'esistenza di una porta di accesso sempre aperta, in cui non esiste un limite di età, ma possono esserci degli stimoli e benefici per il proprio benessere e la propria crescita interiore. La fiaba terapia è una tipologia specifica di lettura-terapia costituita da un sistema di strumenti e procedure che mirano a favorire la crescita e a migliorare la salute.

La fiaba-terapia consente, infatti, fin dalle più tenere età, di "spostarsi" nella linea del tempo rendendo possibili numerosi obiettivi.
Attraverso questi movimenti mentali, la conoscenza e la comprensione di metodi e tempi dei problemi del passato, si possono insegnare a sviluppare la capacità di "attesa".
Cerco di sviluppare che attraverso racconti vicini alla realtà attuale individuale o collettiva che consentono di mostrare come alcuni problemi personali siano problemi universali, con il risultato di alleviare il senso di solitudine il che si prova quando si è coinvolti in alcune difficoltà come fornire prospettive diverse al proprio problema.

La lettura delle fiabe sviluppa anche le capacità di proiettandosi in avanti in rapporto a determinate scenari che possono mettere in atto e imparando a prevedere i diversi finali che possono nascere alternative comportamentali.[41]

Le tre principali metodologie di fiaba-terapia:

1. La lettura autonoma di fiabe costruite con una struttura potenzialmente terapeutica educativa;

2. La fiaba terapia interattiva;

3. La narrazione fiaba-terapeutica attuata dai destinatari degli interventi in modo guidato allo scopo di giungere all'elaborazione positiva di un tema-problema. La dimostrazione e le analisi che noi abbiamo approfondito e studiato nella tesi è guidata attraverso domande e dialoghi volti a favorire la piena comprensione degli eventi e dei vissuti dei personaggi.

Questa fase di riflessione e pensiero guidato sono volti a raggiungere gli obiettivi di cambiamento che ci si propone e talvolta può essere svolta in modo semplice attraverso esercizi proposti in corretti testi.
La costruzione guidata di una fiaba è preferita quando non è disponibile una fiaba adatta a proporre un tema-problema da affrontare in forma simbolica oppure quando la soluzione non è adatta alla situazione reale o alla personalità dell'ascoltatore, ma anche quando si desidera favorire l'espressione naturale dei contenuti del proprio mondo interiore a scopo di diagnosi.

Nella fiaba-terapia i materiali che possono essere adottati sono scelti in funzione:

Tra le tipologie di storie che noi di solito leggiamo nelle fiabe, riteniamo che quelle più efficaci siano quelle che coinvolgono animali o personaggi non umani, poiché esse consentono di far

[41] P. Santagostino, *Guarire con una fiaba*, Feltrinelli, 2004, pp. 27-39

vivere l'identificazione in modo meno consapevole, riducendo eventuali resistenze prodotte dal desiderio di non affrontare un problema.

Le guide servono per crescere e guarire.
La fiaba-terapia ha il sapore del gioco simbolico e attraverso essa è possibile adottare sia storie rappresentative educative sia terapeutiche.
Attraverso letture mirate è possibile aiutare a sviluppare alcuni concetti mentali e si possono creare dei modelli di realtà che sono utili per muoversi con maggiore sicurezza in nuove situazioni quotidiane.
Quando invece si adottano terapie, si offrono soluzioni nuove a problemi concreti. Nel caso di obiettivi educativi a guidare la fiabazione possono essere i genitori nella figura educativa. Ciò che va ritenuto però che senza una base di fiducia e di comunicazione non è possibile attendersi un'apertura nell'ascolto o nella "costruzione".

È importante creare un clima aperto alle domande e alle considerazioni, ma anche un'atmosfera emotiva che permetta di non sentirsi soli durante la lettura.
Per questa ragione si consiglia di curare anche la comunicazione attraverso il corpo e la voce, evitando barriere tra narratore e ascoltatore e trovando una disposizione spaziale che consenta di percepire che si sta condividendo qualcosa insieme.
Se si desidera adottare un racconto per una particolare finalità legata a problemi attuali, è importante stabilire prima un'abitudine a condividere la narrazione e, solo dopo alcune esperienze centrate su altri temi.
È possibile analizzare il momento della lettura da un rituale di rilassamento che favorisce l'apprendimento di quanto, si sta per approfondire o in modo da iniziare un vero e proprio modo di narrazione basata sulla visualizzazione a occhi chiusi.
Una regola fondamentale è quella di rispettare i tempi di attenzione, pertanto in taluni casi occorre considerare la necessità di dividere la narrazione in più momenti, riprendendo da una breve sintesi della precedente lettura.[42]

[42] Ivi, 51-59.

Per raggiungere obiettivi di cambiamento e di aiuto occorre invece affidare la narrazione a esperti con una preparazione adeguata in base al tipo di problema da affrontare, in grado di supportare eventuali manifestazioni emotive inaspettate e di personalizzare, se necessario, parti della narrazione o esercizi di riflessione.[43]

[43] Cfr., P. Santogostino, *Come raccontare un fiaba e inventare cento altre,* Red Piccoli e Grandi Manuali, ed., cit., 1997, p.15. Le guide per crescere e guarire nel mondo delle fiabe. La fiaba-terapia ha il sapore del gioco simbolico e attraverso essa è possibile adottare sia storie rappresentative educative sia terapeutiche. Attraverso le narrazioni è possibile aiutare a sviluppare alcuni concetti mentali e si possono creare dei modelli di realtà che sono utili per muoversi con maggiore sicurezza in nuove situazioni quotidiane.
Quando invece si adottano delle metafore terapeutiche, si offrono soluzioni nuove a problemi concreti o conflitti interni in atto.
Nel caso di obiettivi educativi a narrare o a guidare la fiabazione possono essere tanto i genitori nella figura educativa.

La lettura-terapia

"Chi vive, vive la propria vita;chi legge vive anche le vite degli altri. Ma poiché una vita esiste in relazione con le altre vite, chi non legge non entra in questa relazione e dunque non vive nemmeno la propria vita. La perde. La scrittura registra il lavoro del mondo"

Ferdinando Camon

Si parla sempre di arte-terapia, nel mio elaborato grazie ad una ricerca approfondita ho analizzato il suo termine sta a indicare l'importanza della lettura come strumento di crescita personale, di conoscenza di sé, tanto da essere usata anche a scopo terapeutico; come altri indirizzi di terapia artistica che si servono ad esempio della danza o della musica, anche la lettura-terapia è oramai riconosciuta come un metodo.

"Con il termine lettura-terapia - scrivono la dott.ssa Rosa Mininno, psicologa e psicoterapeuta – "si intende la terapia attraverso la lettura come strumento di promozione e crescita culturale, come strumento di aiuto, di acquisizione di conoscenze e promozione di consapevolezza in situazioni di disagio psicologico e sociale oltre che come tecnica educativa. Secondo me, leggere è un modo anche per confrontarsi a potenziare le sue capacità cognitive ed emotive sviluppando risorse e abilità empatiche, elaboriamo così strategie di lettura. "La lettura e il libro diventano allora strumenti di promozione della salute e del benessere personale".

Leggere è un modo importante per prendersi cura di sé, come scriveva Borges:

"I libri regalano benessere, sono una finestra sul mondo e una farmacia dell'anima. Per qualsiasi disturbo, carenza, bisogno, i libri curano, conforta nutrono. Sono amici fedeli e inseparabili, soprattutto in momenti di sconforto e di solitudine.".

"Nella lettura l'amicizia è a un tratto ricondotta alla purezza originaria. Con i libri, niente convenevoli. Passiamo la serata con questi amici, perché lo desideriamo davvero. Loro, almeno, spesso li lasciamo a malincuore".

Marcel Proust

Il libro verso sviluppa a crescere e a elevarsi perché uomini pensanti.

Molti forse non sanno che sempre più diffusa tra le cliniche e le strutture ospedaliere è la pratica di utilizzare i libri in terapia, poiché, se scelti dal medico secondo le singole patologie e degli specifici casi, sembrano agire in profondità più di ogni altro farmaco e "trasformano" operando il salto, il necessario "cambiamento". Dunque, aldilà, delle presenze di patologie conclamate e vere malattie, è irrinunciabile credere nell'uso esistenziale della lettura. In effetti, i malesseri dell'anima, i disagi emotivi e affettivi non dipendono da vere patologie, quanto piuttosto dallo spazio alle proprie esigenze interiori e dal bisogno di dare un valore alla propria vita.

Leggere, allora, può veramente dilatare lo spazio interiore e aiutare a trovare, nella letteratura, in generale, dei sentimenti e delle emozioni e offre uno strumento spettacolare e intenso per ormeggiare la propria interiorità e per conoscersi meglio.[44]

E' possibile che la letteratura possa guarire?

Sì. Le parole hanno una funzione benefica, per chi le scrive e per chi le legge e questo perché per essere, noi stessi deve avere e possedere la storia del nostro vissuto.

[44] http://www.manuelaracci.com/biblioterapia.htm

Quale miracolo avviene nel momento della lettura?

Si accende una comunicazione personale, intima, stretta con la cultura attraverso una dimensione vissuta da parte di chi legge.

In effetti, cosa vuol dire avere cura di se stessi?

Significa semplicemente ascoltarsi, analizzarsi, interrogarsi secondo un processo equilibrato di lettura intesa come immersione nel testo. Per il lettore il libro diventa un rifugio, uno specchio non deformante, un mondo cui attingere per articolare maggiormente la formazione del proprio sé.

Certo, come scrive Pennac:

> "il verbo leggere, come il verbo sognare e amare, non sopporta l'imperativo".

Quindi chi non legge non sa davvero quello che si perde ed è per questo che si deve cercare di comunicare e di far comprendere.

Secondo me, il libro può avere veramente una funzione di guida, in qualità di "ago magnetico" che orienta la nostra ricerca esistenziale, nel tentativo di trovare una risposta alle grandi domande della vita.[45]

I grandi libri, in particolare, hanno tale funzione terapeutica, poiché svegliano, scuotono, "costringono" all'ascolto di se stessi e mettono in viaggio il loro valore universale. Cavalcano le

[45] M. Dalla Valle, *Biblioterapia: storia, modello terapeutico, metodi e strumenti*, ebookecm.it,pp.15-18.
Quando uno legge, in realtà si mette in auto analisi con se stesso e sviluppa dentro di se una particolare una cura che si chiama terapia, infatti, i grandi libri, in particolare, hanno tale funzione terapeutica, poiché svegliano, scuotono, "co-stringono" all'ascolto di se stessi e mettono in viaggio il loro valore universale. Cavalcano le fredde ali del tempo, attraversando epoche, storie, culture, religioni diverse, poiché hanno una risonanza trasversale che va a toccare nel profondo le corde interiori dell'uomo di sempre.

fredde ali del tempo, attraversando epoche, storie, culture, religioni diverse, poiché hanno una risonanza trasversale che va a toccare nel profondo le corde interiori dell'uomo di sempre.

La Teatro terapia

"Tradizionalmente il teatro terapia è definito la messa in scena dei propri vissuti, nel contesto di un gruppo, con il supporto di alcuni principi di presenza scenica che derivano dall'arte dell'attore".

Walter Orioli

Gli sviluppi dell'elaborato affermano che l'azione teatrale è un grande strumento per favorire la consapevolezza di sé e del personale modo di essere nelle relazioni con gli altri.

La Teatro terapia attinge alle tecniche teatrali un percorso di conoscenza e trasformazione, attraverso il vissuto e dalle emozioni possiamo notare che l'uso creativo dell'immaginazione e sull'uso espressivo della dimensione corporea implica una presa di coscienza e educazione ai sensi e all'uso del corpo e della voce.

La Teatro terapia è, dunque, definito come un processo pedagogico di crescita e sviluppo della persona che ha l'obiettivo di armonizzare il rapporto tra corpo, mente e spirito nella relazione con se stessi e con il mondo.

Analizzando il tutto abbiamo verificato che nel convitto, dove presto servizio di educatore bibliotecario, la maggior parte dei metodi educatici sono basati sul principio cardine dell'artiterapie e della riscoperta della creatività e delle emozioni. Emozioni, la cui comprensione è la chiave di accesso al benessere personale, alla felicità e alle relazioni gratificanti con gli altri.

Conoscere se stessi, le personali norme di essere nel mondo, comprendere le emozioni che, attraverso il corpo, intervengono nella relazione e nella comunicazione con gli altri, d'altro canto, agevola l'accesso alla comprensione empatica.

L'utilità del teatro terapia a scopo preventivo e educativo si riferisce alla possibilità di sostenere la crescita personale, la conoscenza e il potenziamento di parti di sé e della propria personalità. In questo senso si consente di perfezionare la propria comunicazione a tutti i livelli, superando tensioni mimiche e blocchi emotivi, allenando anche il non verbale, pertanto è particolarmente consigliata a chi ha problemi di timidezza, difficoltà relazionali, disagio nell'esprimere il proprio parere, nell'affrontare esami o parlare in pubblico. Lo sviluppo della creatività vuol dire anche avere la possibilità di scaricare lo stress, il teatro con tale finalità è spesso adottato anche in attività rivolte a contesti aziendali e scolastici.

Le applicazioni teatro-terapeutiche a scopo riabilitativo riguardano delle fasce sociali quali detenuti ed ex carcerati, tossicodipendenti, disabili e persone che hanno vissuto in modo prolungato problemi di carattere medico, quali tumori, o anche di tipo psicologico, come ansia, traumi e depressione. In tali casi si lavora per la ri-costruzione del proprio ruolo e della propria identità, per l'integrazione di nuove esperienze di vita. In quest'area di azione si collocano anche le esperienze teatrali rivolte ad anziani o a persone sole, che tendono ad aiutare a ritrovare nuovi stimoli per l'apprendimento ma anche per progettare momenti abituali di confronto sociale.

Il teatro terapia nell'anziano, infatti, è un ottimo strumento di supporto per mantenere attiva la memoria verbale e motoria, ma anche per sostenere l'umore e la fiducia in se attraverso occasioni che consentono di percepirsi ancora capaci di integrarsi all'interno di un'attività condivisa in gruppo. [46]

Infine, il teatro terapia in ambito terapeutico agisce cercando di offrire delle possibilità d'integrazione tra parti sane e parti malate, sostenendo e rinforzando il nucleo intatto dell'me, anche in situazioni di nevrosi, di disturbi o anche in forme di autismo.

Naturalmente ogni tipo di problematica richiede la personalizzazione dell'intervento anche sulle caratteristiche specifiche del gruppo di partecipanti.[47]

---

[46] W. Orioli, *Teatroterapia*, Gagliano Edizioni, Como, 2018,p.25.

[47] Cfr., C. Rogers, *La Terapia centrata sul cliente*, G. Martinelli Editore, ed., cit., Firenze, 1975. pp. 15.19. Questo progetto educativo si

Capitolo 3

La ricerca educativa nel Convitto di Spoleto.

Il convitto

Il Convitto offre possibilità di vitto e alloggio a studenti provenienti sia dalla regione Umbria sia da altri regioni d'Italia. Al Convitto sono annessi tre ordini di scuola: Primaria, Secondaria di I e II Grado, ma, la maggioranza degli studenti frequenta la Scuola Alberghiero di Spoleto "Giancarlo De Carolis". Questo Convitto assicura un percorso didattico e un percorso educativo, l'età tra i convittori e i semiconvittori esterni è compresa tra i sei ai diciannove anni. Appartengono, quindi, tipicamente alla fascia d'età della scuola media inferiore e superiore, provengono da tutte le parti d'Italia anche sui corsi di studi prescelti. I servizi del convitto sono rivolti non solo agli studenti che frequentano le scuole annesse, ma anche ai semiconvittori esterni, ossia chi frequenta altri Istituti che si trovano nelle vicinanze.

Tra il Convitto e le Scuole frequentate dai semiconvittori esterni, sin dall'inizio dell'anno scolastico, sono attivate un canale di comunicazione al fine di consentire un'adeguata collaborazione tra le due istituzioni. Pertanto il Preside stesso delle scuole individua gli educatori di riferimento, che hanno il compito per l'intero anno scolastico di mantenere e curare tali contatti. I semiconvittori non pernottano nella struttura, sono ospiti per l'intero anno scolastico e nei giorni dal lunedì al venerdì usufruiscono del pranzo e della merenda e su richiesta all'Istituto anche della cena. Però durante tutto l'arco dell'anno della loro permanenza in Convitto, sabato, domenica e festività comprese, escluse le ore scolastiche, sono affidate agli educatori che si alternano secondo un turno stabilito dalla dirigenza all'inizio di ogni anno scolastico.

---

riferisce alla possibilità di crescita personale, di conoscenza e di potenziamento con la propria personalità, Questo metodo consente di perfezionare la propria comunicazione a tutti i livelli, superando tensioni e blocchi emotivi, allenando anche il non verbale e il para-verbale, pertanto è particolarmente consigliata a chi ha problemi di timidezza, difficoltà relazio-nali, disagio nell'esprimere il proprio parere, nell'affrontare esami o parlare in pubblico ed a sostenere anche lo sviluppo della creatività, di abilità.

Durante la permanenza i convittori, ciascun secondo la propria formula, usufruiscono di camera singola o doppia con servizi interni, servizio di rifacimento camere, lavanderia, guardaroba, pulizia dei locali, servizio di ristorazione con menù calibrati sulle esigenze nutrizionali dell'età evolutiva e trasporto da/per gli istituti scolastici e attività pomeridiane esterne.

Sono a disposizione ampi spazi comuni formativi e ricreativi, biblioteche, aule informatiche, aule studio, laboratori secondo la descrizione completa di ciascun convitto. Posso affermare che la vita del convitto è disciplinata da un corretto regolamento che costituisce l'insieme delle regole preordinate all'armonico svolgimento della vita convittuale e che è condiviso dalle famiglie al momento dell'ingresso. Forte collaborazione anche dai genitori.

Nel convitto i ragazzi vivono, crescono e socializzano; gli educatori qualificati li sostengono nell'organizzazione degli studi e del tempo libero valorizzando le loro specifiche potenzialità.

Il convitto intende assicurare un clima di serena e produttiva collaborazione tra i ragazzi, educatori e famiglie, affinché i giovani abbiano la possibilità di realizzare al meglio se stessi sia nel progetto scolastico sia nell'affinamento della loro personalità.

Oggi l'educatore tipica figura dei Convitti, agisce con l'incarico di "tutor" Nella pratica quotidiana è fondamentale il suo ruolo di mediatore nei rapporti tra ragazzi nella veste di studenti e docenti, tra gli stessi ragazzi e genitori e tra genitori e docenti; l'azione educativa è finalizzata alla formazione e all'educazione integrale degli alunni mediante l'opera di guida e consulenza nelle attività di studio.

La mia figura di educatore bibliotecario del convitto si occupa della gestione della biblioteca, dove catalogo tutti i libri cartacei nei corretti scaffali e faccio da consulente bibliotecario ai ragazzi che hanno intenzione di leggere un libro, due volte a settimana con il consenso della direttrice mi occupo di un laboratorio di scrittura poetica. Gli educatori si prendono cura dei ragazzi e analizzano con attenzione la formazione e l'istruzione di ogni convittore di ogni scuola sia primaria che superiore, si attua una breve presenza simultanea utile per uno scambio d'informazioni sulle attività didattiche educative.

Inoltre una o due volte la settimana, si attuano laboratori di apprendimento, recupero o attività di carattere culturale.

Il piano delle attività connesse alla funzione educativa e di tutte le programmazioni didattiche s'integra e trovano una sistematica unitarietà con tutte l'attività e iniziative finalizzate alla formazione e all'educazione dei convittori e semiconvittori.

Gli orari e le regole da rispettare nel Convitto:

C'è una sveglia ed è prevista alle ore 7.30.

L'Educatore che ha il turno notturno in Convitto bada a svegliare i ragazzi assicurandosi che entro cinque minuti dalla prima chiamata siano pronti a lavarsi, vestirsi, riordinare il letto per poi recarsi in mensa alle ore 7.55, sempre accompagnati dall'educatore di turno, per consumare la colazione, avendo caffè, latte, caffelatte, thè, marmellata, fiocchi di mais, miele, nutella, fette biscottate, pane, succo di frutta e due volte a settimana, dolci preparati dalla cucina. Terminata la colazione, i convittori rientrano in convitto e si preparano per recarsi in classe.

L'attività scolastica, è la principale occupazione dei convittori e semi convittori e si svolge dalle 8.30 fino alle 14.00 con l'intervallo ricreativo di dieci minuti e la pausa pranzo di un'ora durante la quale essi si recano in mensa, seguiti da educatori che provvedono alle loro eventuali necessità. I convittori e i semiconvittori hanno precedenza in mensa del Convitto.

Nel tempo libero i convittori possono recarsi in libera uscita o impegnare il loro tempo libero in giochi vari, visione di film o TV, navigazione web, attività sportive e culturali o per recarsi nei luoghi fuori dal Convitto. Durante le lezioni a scuola, i convittori sono affidati ai loro insegnanti, mentre per il resto della giornata sono seguiti dagli educatori o tutor che curano la loro formazione, aiutandoli nel percorso didattico, seguendoli nello studio in caso di necessità e rapportandosi con i loro insegnanti.

Alle 17.30 i convittori, singolarmente o organizzati in gruppi e seguiti dagli Educatori, iniziano a studiare nelle loro camere o con i tutor svolgono lezioni di dopo scuola (un ripasso scolastico).

Il Personale Educativo è impegnato a organizzare eventi extra scolastici e attività come laboratori di poesia e musicali i quali si cerca di occuparli culturalmente.

Alle ore 22.30 tutti i ragazzi rientrano nelle proprie camere per il riposo notturno, salvo possibili deroghe orarie concesse dall'educatore di turno come finire la visione di film o di eventi sportivi oltre l'orario del riposo. In orario scolastico è presente in Convitto un'infermiera professionale incaricata di occuparsi della tutela sanitaria dei convittori e semiconvittori.

1.1. La ricerca educativa

Quando si parla di educazione, bisogna collegare tanti punti altrettanto importanti, gli educatori del posto si sono mossi molto bene e durante una loro ricerca in educazione ci possono spiegare che qui la ricerca può essere svolta secondo molteplici prospettive sia presso una ricerca pratica la quali è utilizzata dei metodi riflessivi i quali a sua volta si possono definire con analisi o concetti nell'ambito della riflessione pedagogica, è questo secondo la maggior parte degli educatori l'approccio che si dovrebbe adottare in un ambiente educativo e pedagogico.

Ma l'osservazione esposta dal personale educativo del posto ha già elaborato che il dato più importante è quello empirico, pertanto, in quest'approccio l'educatore assume un ruolo fondamentale nell'ambiente dove lavora, sono tipico degli educatori lavorare portando avanti una metodologia dell'educazione personale o pedagogia sperimentale elaborata e sviluppata dopo anni di esperienza. L'obiettivo per tutto il reparto degli educatori è di produrre regole facilmente trasportabili da una situazione all'altra. Lo studio è avere una conoscenza approfondita e in base agli obiettivi di ricerca s'individueranno dunque le strategie di ricerca, in altre parole l'uso combinato di più metodi e tecniche di raccoglimento dei dati.

Quindi, una volta scelte le strategie educative, l'educatore procederà con il rapporto di ricerca, eseguito in ambito sociale dove presenterà delle scelte esponendo: il problema è l'obiettivo di ricerca, il quadro teorico, le ipotesi e i fattori coinvolti e le tecniche di raccolta e di analisi dei dati e le possibili interpretazioni dei risultati dei vari progetti educativi.

1. Intervista – La ricerca educativa

Durante l'intervista, cerco di rilevare in modo sistematico e intenzionale una serie di risposte è molto importante che l'osservazione sia delimitata temporalmente e in tale situazione posso costatare come l'educatore parla di un suo linguaggio e di una sua strategia educativa e ci fa anche notare che i suoi strumenti utilizzati non avevano nulla a che vedere con i metodi attuali. L'educatore, quindi, si limita solo con l'osservazione a segnare l'intensità di un comportamento; la griglia di osservazione cui risponde si trasforma in solo spazio. In questo caso però ha un'osservazione limitata perché non interviene con terapie specifiche, ma va a creare degli schemi educativi che improvvisano e sostituiscono il metodo educativo.

Affermiamo sempre durante l'intervista effettuata che l'attività educativa svolta dall'educando, è uno sviluppo dei processi di crescita umana, civile e culturale, e di socializzazione dei convittori e semiconvittori, i quali sono così assistiti e guidati nella loro partecipazione ai vari momenti della vita comune nel convitto o istituzione educativa.

La medesima attività è finalizzata anche all'organizzazione degli studi e del tempo libero, delle iniziative culturali, sportive e ricreative, e alla definizione delle rispettive metodologie, anche per gli aspetti psicopedagogici e di orientamento.

La funzione educativa partecipa al processo di formazione e di educazione dei convittori e semiconvittori, in un quadro coordinato di rapporti e d'intese con i docenti delle scuole da essi frequentate e di rispetto.

Quanto è importante la relazione nel Convitto ?

"Dunque, nel convitto il valore della relazione è molto importante perché è un inizio di apertura al mondo – proprio come fanno di solito i ragazzi che attraverso la relazione scoprono nuove conoscenze. Inoltre – continua l'educatore: bisogna assicurarsi che nel corso dell'anno non ci siano situazioni come per esempio: andare male a scuola, un gruppetto di ragazzi che fanno casini, bulli, etc che modifichi i comportamenti dei ragazzi.

Se ci dovessero essere problemi nelle relazioni, in quel caso si prenderebbe in considerazione l'idea di intervenire e portare nuove regole che, ahimè, i ragazzi non la prederebbero molto bene, ma, se succedesse, saremo costretti anche noi educatori a dettare regole rigide e dirette come per esempio la sospensione dell'ora di uscita pomeridiana o un'eventuale espulsione dal Convitto.

In questo modo il convittore può capire il suo sbaglio e spianarsi la strada verso un pentimento che lo aiuta a sua volta in un'apertura e, un miglioramento, ma la maturazione del piano sperimentale alla maturazione degli educandi nel piano ambientale – convittuale può portare al miglioramento il che potrebbe essere ricondotto, aduna maggiori esperienze anche nel campo sperimentale degli eventi extra didattici che si svolgono settimanalmente nel convitto".

2. Intervista – La ricerca educativa

Dopo una lunga e analizzante intervista, l'educatore del Convitto di Spoleto afferma che, Il fine ultimo della ricerca è il punto di partenza della nostra riflessione metodologica, perché metodo, strumenti e fini sono strettamente legati fra loro.

Per intenderci – dice l'educatore - noi attiviamo percorsi di riflessione nei quali cerchiamo di aprirci alla partecipazione e alla condivisione dei nostri educandi o di chi ha durante il nostro percorso educativo. Siccome è applicato anche inconsapevolmente, la metodologia è molto importante per noi educatori, questa preparazione è spesso legata su esperienze nostre o di altri, o sul sapere collettivo educativo.

Salvaguardare tutti i tipi di educazione e aiutare all'educando l'importanza della partecipazione e della tolleranza che è molto fondamentale in un collettivo come quello del Convitto dove appunto vivono. L'educatore, si colloca di solito nel più ampio settore della ricerca sociale e dell'educazione perché come sappiamo questo lavoro è stato per tanto tempo messo in secondo piano.

Quali sono gli strumenti per prevenire un eventuale sbaglio adolescenziale ?

"Attraverso tale intervista, sappiamo come gli educandi provano ogni giorno di uscire dal cerchio di quelle che sono le loro abitudini e di voler sempre cercare il "nuovo", la conferma arriva quando commettono sbagli "volontari".

Come afferma l'educatore nell'intervista: "Sappiamo di certo che gli sbagli adolescenziali sono comunemente volontari, purché siano consapevoli di sbagliare, eppur lo commettono perché vogliono provare quelle sensazioni che danno ai giovani quella vitalità in più nel conoscere il mondo attraverso i suoi occhi e le sue mani."

Allora, prosegue l'educatore: "Abbiamo il dato certo e fornito da un'analisi giornaliera che ci spinge a vedere l'educazione come un vero trionfo, gli sviluppi dati da un educatore qualificato che lavora da almeno quindici anni ci dicono che l'educando è messo di fronte a un bivio su come agire alla vita già all'età di dieci anni – dice l'intervistato."

1.2. Progetti

L'iniziativa dei progetti espressi dagli educatori del Convitto è creare un gruppo che abbia appreso le regole su comportarsi in un ambiente comune e queste regole dovranno essere coltivate nel ragazzo già nell'età di sei anni affinché possa ragionare.

Gli educatori del posto cercano di capirne le dinamiche – socio educative pedagogiché e psicologiche che vivono all'interno.

E attraverso alcune interviste ho riscontrato nel personale il vero valore dell'educatore.

1 . Intervista – Progetti

È dura farsi rispettare e fare rispettare le regole del Convitto ?

"Quello che noi vogliamo fare attraverso il personale formato e specializzato quali operatori socio sanitario e educatori e dare la possibilità di vivere in una situazione il più possibile normalizzante costringendo a rispettare le regole basi del rispetto, questo è la regola numero uno. Subito dopo aver istituito tale regole, cercheremo di inserirli negli eventi programmati dal convitto e, una volta fatti inserire daremo a loro gli strumenti per vivere in sintonia nella collettività nel convitto, all'inizio non sarà facile (quasi come in tutte le cose poi i risultati si vedono perché ci succede ogni anno) ".

Che strategia applicate per coinvolgere i ragazzi nelle attività del Convitto ?

"Il coinvolgimento da parte di noi educatori è categorico, ma possiamo dire che ci sono ragazzi che hanno già attività fuori del convitto e quelli sono "salvi" perché nel sociale si rendono attivi, chi ha allenamenti di calcio chi di pallavolo o chi, di danza e durante la settimana questi ragazzi si vedono poco nella struttura, ma per uscire, hanno il nostro permesso salvo chi ha compiuto diciotto anni, però, i suoi genitori ci devono dare il loro consenso.

Invece per quelli che restano in Convitto, devono assolutamente partecipare ad almeno uno delle attività proposte dal programma convittuale e sono: laboratori di scrittura creativa, laboratori di teatro, laboratori musicali e piscina. Una di queste attività deve essere frequentate per alimentare in loro il senso di partecipazione, rispetto e di collettività".

L'auto determinazione è importante nel Convitto ?

"Assolutamente sì, l'auto determinazione è l'obiettivo principale, per questo stiamo ogni giorno pronti ad ascoltare cercando di captare i loro desideri e quindi di plasmare le attività che noi programmiamo in conformità a quello che sono le loro volontà ma sempre rientrando nella sfera educativa didattica."

Quali sono gli obbiettivi principali per voi educatori ?

"Il progetto consiste innanzitutto a educarli in una vita sia sociale sia didattica. Noi educatori che lavoriamo nel Convitto cerchiamo di vedere quali sono i loro problemi e li aiutiamo prima di tutto a svilupparli attraverso attività come le arti terapie e poi a integrarli nella vita sociale come partecipanti attivi. Devono potenziare a sviluppare anche la consapevolezza di una condivisione reciproca, le nostre strategie educative ci portano a utilizzare fortemente dei modelli educativi come le arti terapie anche quando studiano o quando stanno solamente nel tempo libero, la loro educazione e formazione passa da noi educatori se noi non saremo dei buoni educatori la valutazione finale la dovremmo ricevere noi anziché loro.

Posso solo dire che le arti terapie ci aiutano a capire lo stato dell'educando e ad agire nei punti più fragili dell'educando e aiutarlo a elaborali con la collaborazione di uno psicologo.

All'interno de Convitto si cerca di dare a loro massima accoglienza e di garantire la massima educazione con esperti e qualificati. Hanno molteplici spazi e attraversi i quali i ragazzi dedicano il loro tempo educativo socializzante. "

Si è trovato un modo che li rende un gruppo unito di partecipanti attivi ?

"Sì, abbiamo adottato nel programma settimanale del Convitto, le gite domenicali e le mostre culturali, ci si sposta in autobus tutti insieme. Questo è anche un modo di conoscersi per chi è nuovo e di stare insieme.".

Quali sono le politiche sociali e educative del convitto ?

"L'educatore ci risponde affermando: ci sono delle norme rigide da eseguire da tutti noi (compresi anche gli studenti) che non possiamo non accettare, sono dei regolamenti, leggi che uno le accetta prima di lavorare o di alloggiare nel Convitto.

L'educatore ci racconta che durante i suoi anni nel Convitto gli è capitato di assistere a un fatto non quotidiano di un ragazzo che faceva uso di stupefacenti ed era anche spacciatore all'interno della struttura all'insaputa di tutti poi è stato scoperto dalle telecamere ed è stato subito espulso con tanto di denuncia.".

Quali sono i progetti educativi che portate avanti ?

"Intorno al progetto che portiamo avanti come educatori ruota la persona e insieme con essa anche i suoi valori e noi dobbiamo essere bravi a non calpestarli. L'idea di un bene condiviso.

Secondo l'educatore, gli obiettivi principali che sono affrontati nei progetti sono la comunicazione, l'interazione e la partecipazione. Favorire soprattutto un buono sviluppo di crescita sociale fornendo un supporto educativo formativo per la costruzione di varie e adeguano relazioni nel convitto.".

Secondo lei si può prevenire il conflitto di emarginazione ?

"Abbiamo toccato un tasto che tuttora non si capisce che radice abbia. Il contrasto avviene quando si leggono quelli che sono i segnali, di svantaggio e di criticità.

Si elabora subito un primo intervento nei segnali di criticità, per esempio:

La cosa più importante è mantenere la comunicazione fra gli educandi questo serve per dare un giusto equilibrio sia all'educando e chi ha dei problemi sociali a integrarsi per cause legate a una vita passata oppure al fattore soltanto sociale.".

1.3. Analisi

Nel Convitto di Spoleto, insieme agli educatori abbiamo aperto a delle analisi mirate sulle relazioni educative, sull'approccio e sul coinvolgimento che c'è tra l'educatore e l'educando giovane del posto. In questa struttura dove vige l'educazione, la figura dell'educatore è molto importante perché il suo scopo è operare a favore degli educandi ai quali ci si rivolge per la costruzione di un progetto che gli consiste di relazionarsi con loro tramite metodi educativi.

Infatti, l'educatore attiva e favorisce il coinvolgimento di tutti i suoi educandi e non del solo singolo. Perché, per svolgere le sue funzioni da educatore deve instaurare una relazione educativa, solo così potrà costruire un rapporto espressivo di coinvolgimento attivo al quale si determina la propria relazione con gli educandi.

Quindi, per instaurare una relazione educativa all'interno del rapporto servono attente analisi mirata per attivare dei piccoli interventi, l'attenzione dell'educatore è sentire non tanto quello che compie l'educando, lo studente. Ma all'educatore interessa più quello che percepisce.

La relazione dell'educatore con l'educando deve avere degli obiettivi molti mirati e precisi, ricchi d'intenzionalità. La relazione educativa, pone la necessità di mantenimento di equilibrio tra il coinvolgimento stesso e il distacco, il mantenimento di questo equilibrio tra queste due dimensioni è spesso molto difficile perché chiama in causa aspetti personali dell'educatore che attengono alla sfera emotiva e affettiva.

L'educatore analizza un suo intervento e si colloca in una posizione che rappresenta un ponte tra la sua figura con quella dell'educando che deve agevolare la comunicazione, conoscenza e l'emergere dei bisogni dell'educando o del singolo soggetto, rendendo tutto visibile e condivisibile. In particolare, l'educatore analizzerà nel modo più efficace possibile le condizioni per cui ciascun educando possa proficuamente dedicarsi allo svolgimento dei compiti assegnati durante le lezioni e possa trascorrere il periodo, per i convittori, facendo esperienza di vita collettiva, rispetto di norme e regole, esercizio della propria individualità in una situazione di relazione con gli altri.

Favorire tali condizioni significa anzitutto garantire spazi fisici e psicologici in cui sia agevole studiare e partecipare attivamente alle attività che presenta il convitto nel programma, approfondire, ma anche rilassarsi e scambiare idee, emozioni, sensazioni con gli altri siano essi educatori, tutor e personale che lavora nella struttura.

L'ascolto è una delle attività che maggiormente caratterizzano gli educatori che si propongono come figure affidabili con cui possono entrare in relazione. L'educatore elabora le dinamiche del gruppo, ascolta i suoi ragazzi, i loro timori, ansie e i desideri di tutti loro, intervengono con riflessioni e consigli, promuovono e mantiene l'interesse dei convittori quando vi sono momenti di crisi o di caduta impegno, li motiva nel processo di ricerca e di analisi e il tutto è svolto con umiltà.

1.Intervista – Analisi

Quanto è importante la collaborazione nel Convitto ?

"Per collaborare è molto importante che l'altro abbia una buona conoscenza sia per se stesso, ma anche del ruolo che ricopre all'interno del sistema dove esso si ritrova.

Collaborare vuol dire anche esporsi all'altro, lavorare insieme con l'altro, condividere un progetto. Ecco, la collaborazione secondo me, è produttiva, perché si lega sia alla partecipazione sia alle comunicazioni entrambe, fanno connessione, può essere funzionale solo se è svolta come obiettivo da raggiungere, tutto questo avviene solo c'è una buona comunicazione.

Una volta che si crea una serie di analisi comunicative e relazionali, è fondamentale che al suo interno vi sia una continua collaborazione che fa da ponte tra i ragazzi con noi educatori.

Questo passaggio ci aiuterebbe ad analizzare meglio i comportamenti all'interno del Convitto.

Per fare ciò, continua l'educatore: avremmo bisogno di reciprocità e di comunità.

Il collaborare può in certo senso aiutare alla reciprocità e alla partecipazione attiva all'interno di un gruppo, siccome la struttura in un certo senso lo obbliga, altrimenti salterebbero fuori le regole comportamentali date all'interno della struttura, quindi, la collaborazione è figlia di molti aspetti etici perché attraverso di essa possiamo osservare chi è davvero disposto ad aiutare senza essere obbligato dalle regole del Convitto o da noi educatori".

Si ha difficoltà nel tenere questo ritmo nel Convitto ?

"Se l'educatore non è ascoltato, si evidenziano chiaramente delle difficoltà, perché noi educatori sono molto importanti proteggere il ragazzo dal rischio di abbandonare soprattutto la sua formazione/educazione da un momento all'altro.

È indispensabile mettere a disposizione all'interno della struttura: educatori, tutor, pedagogisti che sappiano integrare un progetto educativo a ogni ragazzo, ma, la possibilità di lavorare in gruppo sono intesi come luogo di pensiero, verifica e valutazione. La collaborazione parte anche da qui, dal gruppo, dall'intesa che c'è tra l'educatore e il ragazzo, dovremmo innanzitutto organizzare uno spazio di sintonia per far sì che i ragazzi con l'aiuto degli educatori possono entrare in un approccio di collaborazione e di reciprocità educativa.

L'educatore finisce così: "Se si opera, reciprocamente, si costruiscono anche dei bei rapporti all'interno del gruppo frequente e di qualità, l'intervento diviene uno strumento prezioso per i ragazzi che ne beneficiano di sicuro una buona formazione."

Quanto è importante il rapporto tra educatori e convittori ?

"All'interno del Convitto instauro dei rapporti, legami con i ragazzi, mantengo un buon rapporto che rientra nei confini professionali, in virtù degli stessi, che, simboleggia quel ponte che c'è tra le due figure. Per noi educatori sono importanti far conoscere l'altra parte del ponte, in altre parole essere chiari sin dall'inizio riguardo al proprio ruolo. È necessario definire l'intervento che vogliamo instaurare, perché nell'intervento educativo, l'educatore può instaurare sempre all'interno del gruppo una relazione che aiuta a comprendersi e conoscersi meglio e in maniera dinamica.

Tutto diventa possibile solo se, il coinvolgimento e la responsabilità degli educandi aprono le loro porte appunto alla collaborazione reciproca.

Progettare interventi educativi spinge i ragazzi verso delle nuove relazioni, dunque, noi lavoriamo su quell'unico aspetto con lungimiranza e pazienza, cercando di sperimentare attraverso dei metodi altrettanto educativi una ricerca che da via a nuova educazione di gruppo, di collaborazione e soprattutto di reciprocità analizzando e sviluppando positivamente i compartimenti degli educandi del Convitto. Nei convitti gli studenti vivono, crescono e socializzano; educatori qualificati li sostengono nell'organizzazione degli studi e del tempo libero valorizzando le loro specifiche potenzialità".

1.4. Gli obbiettivi

Il percorso per ogni convittore è qualcosa d'importante perché gli definisce il lavoro svolto sia nel percorso scolastico sia nel percorso in Convitto. Ogni singolo convittore durante il suo anno in Convitto – scolastico – educativo ha un percorso che lo vede in una ricerca educativa continua di se stesso, ma, grazie al supporto degli insegnanti e degli educatori, cerca di definire alcuni obiettivi di fine anno, ma per il raggiungimento dei tali deve aver bisogno di cura, stima e volontà.

Qui entrano in campo gli educatori e gli insegnanti:

Entrano nel percorso annuale e cercano di aiutarli al raggiungimento degli obiettivi prefissati, ma per ciò, l'educatore attraverso dei modelli educativi lo accompagna nella fase più importante della sua formazione all'interno del Convitto e lo fa con l'intento che è quello di creare o presentare una serie di progetti educativi. Concordati insieme con il responsabile del Convitto.

Ogni educatore nel suo quadro inserisce un suo programma ed elabora un piano delle attività educative che sono:

La capacità di sviluppare competenze didattiche – educative – tecnologiche.

Il rispetto di se e degli altri e dell'ambiente.

Cooperare e collaborare, imparando a confrontarsi.

Costruire e partecipare responsabilità.

Sugli obiettivi da raggiungere è necessario che le metodologie del personale educativo siano sempre riferite alla figura dell'Educatore qual è in grado di trasmettere non solo cultura al convittore, ma anche stimoli creativi, sono come un modello e riferimento, che rispetti la dignità e la personalità di tutti i suoi compagni, entrando più possibile in sintonia e familiarizzando con essi pur mantenendo un imprescindibile rapporto con loro. Si garantisce che ci sia correttezza nel rapporto tra educatori e convittori, evitando assolutamente di farli sentire a disagio, assolutamente senza creare nessuna difformità disciplinare tra di essi, affinché non finiscano col sentirsi penalizzati e discriminati chi rispetta le regole e la buona educazione - immagine di serietà nello svolgimento della propria funzione e nella presentazione delle proprie conoscenze.

Dall'istruzione alla libertà individuale e al lavoro, considerati quali beni imprescindibili, da difendere con la partecipazione individuale e attiva alla gestione collegiale della "cosa pubblica" e del "bene comune", tenendo in strettissima considerazione il valore dei principi democratici e del controllo collettivo delle sue istituzioni. Lo Studente quale convittore e educando che, grazie all'impegno serio e determinato, acquisiscono educazione, cultura, conoscenze e professionalità, maturando il proprio senso di responsabilità nei propri confronti (autostima) e in quelli degli altri, disponendosi a vivere e partecipare individualmente la competizione della vita nei suoi molteplici aspetti convittuali e scolastici.

L'educatore è un lavoro molto più complicato del Docente, perché, appunto, deve possedere l'empatia che il convittore stesso cerca.

È ovvio, esistono educatori cui ci si affeziona di più e altri di meno, il tutto è causato dall'inserimento e dall'integrazione che gli educatori attraverso dei loro progetti educatici offrono al convittore: l'obiettivo principale è l'integrazione, l'inserimento, partecipazione attiva e la relazione. Sono valori importanti per la crescita dell'ambiente e dei convittori.

Nel convitto ci sono educatori cui è maggiormente facile legarsi con i convittori, anche perché, si capiscono subito dall'inizio, l'apertura aiuta l'educatore a capire l'educando, il confronto è fondamentale per lo sviluppo del progetto educativo.

1.Intervista – Gli obbiettivi

..Quali sono gli obbiettivi da raggiungere ?

"Innanzitutto, il nostro lavoro è sviluppare le potenzialità e come punto di partenza punta alle relazioni attive a partecipative.

Nello specifico l'educatore osserva, pianifica, progetta insieme ai coordinatori interventi mirati individuali, sostiene e supporta l'educando fino e oltre il raggiungimento degli obiettivi prefissati e concordati che sono: la socializzazione tra di loro, vivere insieme aiuta la reciprocità e, infatti, aumenta la consapevolezza di aiutarsi e di collabora, ma quello che conta di più è la convivenza in piena serenità tra convittori nel rispetto delle regole. Ecco. Questo per noi è molto importante, se i convittori rispettassero le regole noi educatori, tutor e insegnanti privati, potremmo lavorare con facilità e a sua volta anche loro potranno svolgere le loro attività con tranquillità. Ecco la reciprocità che ho citato prima.

Noi elaboriamo un progetto attento alle esigenze della persona, costruiamo dei legami che coinvolgono tutti i convittori, dopodiché bisogna essere buoni comunicatori, le parole sono importanti. Uno degli strumenti più importanti è l'osservazione che ci proietta di raccogliere informazioni basate su comportamenti dei ragazzi, l'altro strumento importante è l'ascolto con tutti i suoi punti di forza e debolezze.

La giusta cura è farsi carico dei bisogni, quindi, l'aver cura delle persone è un'accettazione con tutti i suoi bisogni speciali e no. L'immediatezza a volte non porta bene, perché i risultati necessitano tempo, i nostri interventi e la nostra fatica si basano su un lavoro relazionale e prima di tutto guardiamo il bene di una persona cosa ha imparato e poi cerchiamo di vedere. Preferisco pensare al bene e soprattutto a quello che gli ho lasciato.

Quando un convittore arriva al quinto anno di scuola superiore ed è ormai prossimo al diploma, i suoi obiettivi sono raggiunti, chi più chi meno lo valuteremo con i coordinatori, ma l'importante che il ragazzo ha imparato qualcosa che lo aiuta ad affrontare al meglio la vita futura.

Quali sono invece i suoi obbiettivi raggiunti ?

"Il mio obiettivo raggiunto è la crescita dentro questo percorso. Mi ha fatto crescere tanto, ho imparato tanto dall'ambiente e specialmente dall'educando, la sua presenza per me è stata come un valore aggiunto, in questa esperienza ci metterei anche il dialogo e la serenità che è ingredienti giusta per affrontare tali situazioni.

L'obiettivo principale è quello di aiutare i nostri educandi nella relazione educativa perché li rende dei partecipanti attivi alla vita sociale del convito, la socializzazione e l'inclusione sono i pilastri per l'avanzamento della relazione stessa".

In che consiste la relazione educativa ?

"Lo strumento essenziale della relazione educativa è la costruzione di un rapporto espressivo come, in ogni maturazione, ogni cambiamento, se non c'è, il coinvolgimento tra di loro non ci può essere nessuno sviluppo educativo.
La relazione educativa si differenzia ma, l'obiettivo di promuovere lo sviluppo e la crescita di un cambiamento mirato passa dall'intenzionalità, tutto ciò funziona soltanto se l'intervento sia finalizzato come un obiettivo di raggiungere verso il convittore.

L'educatore deve essere in grado di avvertire gli stimoli della realtà esterna, captare anche i minimi particolari e i segnali che possono essere fondamentali alla costruzione di una buona relazione. Deve adottare strategie d'intervento, sempre soggette a verifiche e valutazioni in cui è coinvolto il convittore e inserirsi nella relazione per comprendere a fondo le dinamiche di quell'intervento, ma nello stesso tempo, saper trovare un giusto equilibrio tra coinvolgimento e distacco.".

Quali sono gli obbiettivi che si devono raggiungere nel Convitto ?

Il primo: è sapersi confrontare rispettando l'altro.
Il secondo: è sapere intervenire nel modo giusto e corretto, il compito per noi del personale educativo è quello di promuovere questo comportamento con dei laboratori o con delle attività purché tale obiettiva resta incentrato sulle potenzialità dell'educando.
Il terzo: è saper osservare e ascoltare entrambe costituiscono le premesse di ogni relazione educativa.
Quindi, detto ciò, uno dei più importanti veicoli per l'educazione è L'osservazione: È un atto di percezione, selettivo di raccolta, di decodifica e di ricostruzione dei dati. Bisogna tenere in considerazione che non esiste un'osservazione pura, perché sempre condizionata dalle nostre vedute.

L'ascolto è una fase importante nella relazione, perché permette di comprendere realmente ciò che l'altro sta dicendo, mettendo in luce i suoi punti di forza e le sue debolezze. Infine, saper indagare, come metodologia della ricerca, che consente di affrontare e gestire la complessità e la problematicità della realtà e del processo educativo stesso.

Il prendersi cura diventa un modo di approccio alle situazioni, non solo tra di loro, è il porre attenzione a quella situazione, l'avere cura di quella determinata situazione o di una molteplicità di situazioni. La capacità di curare gli sbagli dell'altro in un modo educativo e socializzante che consente l'altro di apprendere e di capire lo sbaglio".

Conclusioni

La mia idea di educazione attraversa gli insegnamenti, metodi e progetti, difatti, gli educatori cercano di inquadrare tali situazioni.

Nella tesi ho affermato che l'educazione è molto importante per la formazione umana, senza di essa non vi è nessun uomo pieno di amore. Ecco, la dimostrazione di tale sensibilità è soprattutto nell'empatia, un sentimento, un atto d'amore.

L'empatia è come un'ancora di salvataggio nella società odierna, condivisa a pieno da uomini pieni di amore, gli uomini che utilizzano tale sentimento sono dotati di grande umanità e di grande fratellanza perché riconoscono il buono nell'altro.

Questa prospettiva dell'empatia, in cui il tema della differenziazione tra sé e l'altro è centrale, processi come quello dell'introiezione e della proiezione, per lo più ignorati dalla concezione cognitiva, non solo trovano una posizione teorica, ma richiedono di essere approfonditi sul piano della ricerca.

Il contenuto dell'emozione dell'altro può essere talmente elevata da realizzare il contagio emotivo, vale a dire l'adesione automatica all'emozione di un'altra persona, senza alcuna mediazione cognitiva.

Quindi è ragionevole ipotizzare che i soggetti empatici siano non solo più "capaci", ma anche più "disponibili a vedere" le emozioni degli altri e meno inclini a proiettare sugli altri egocentricamente i propri stati emotivi. La dimostrazione è chiara ogni giorno, l'uomo sta perdendo questo sentimento, sentiamo voci di gente ipocrita ed egoista che discrimina le persone solo per il colore della pelle, orientamento sessuale o cultura o paese di provenienza, ecco, quella gente non rispecchia questo che abbiamo scritto, e forse anche tutto l'elaborato.

"L'empatia è definita dal fatto di essere una condivisione affettiva che avviene "qui e ora"; essa si realizza, infatti, nell'incontro tra due persone concrete, all'interno di una specifica situazione, contesto e relazione sociale".

L'uomo senza empatia è cattivo, antipatico e bruto. Senza amore e passione nell'altro e verso l'altro. Principalmente l'essere umano è empatico per natura, perché ha un cuore, la conoscenza è un atto interiore, difatti, quando uno parla con l'altro, è predisposto inconsciamente a entrare nella persona di cui si trova davanti.

Questo è un vantaggio che abbiamo perché con l'empatia s'installa dentro di noi e ci permette di conoscere l'altro e di entrare dentro i suoi pensieri per poi capire come ci dobbiamo comportare con la persona che abbiamo di fronte. Il vissuto è una porta che trova chiusa, e purtroppo, non è sempre facile bussare ed entrare nella persona che ha un vissuto travagliato.

Chi usa l'empatia (con simpatia e non) fa sempre molta fatica a capirlo, e tanti filosofi e psicologi l'hanno pure spiegato: "Quando l'altro ha un vissuto misterioso, non sempre possiamo entrarci con metodi empatici rischiamo di grattare e di rompere sempre più la sua esperienza".

Giacché la comprensibilità e la sensibilità nell'atto, e puramente indiscutibilmente umano, dovremmo aprire le menti e i cuori di coloro che per un motivo l'hanno chiuso. E qui potremmo parlare di tanti fattori tenuti ed evidenziati come l'immigrazione, quella povera gente arrivata da tanto lontana e sconosciuta alle situazioni e ai fatti del posto. Qui l'unico modo di farli integrare è l'empatia, e possiamo affermare come la Stein applica tale pensiero durante gli anni della seconda guerra mondiale, lei adoperava l'empatia come uno strumento per superare l'ignoranza di quegli anni.

L'arte terapia invece ha un'altra funzionalità educativa, è un'arte che insegna la convivenza e la relazione, questa creazione ha portato tanto arricchimento sia nella casa educativa sia negli educandi, quindi, si creano dei progetti educativi piuttosto mirati verso determinati gruppi, difatti, le arti terapie sono anche modelli di terapie educative perché curano la persona attraverso giochi educativi.

Le arti terapie dipingono la formazione della persona, durante le ore si creano relazioni che rende tutto al quanto positivo, le persone che vi frequentano i progetti devono partecipare per sapersi muovere, ma ci sono tanti tipi di arte terapie, innanzitutto quest'arte serve per curare e educare l'aspetto della persona, per insegnargli la convivenza e la relazione e soprattutto rende la persona attiva e partecipativa. Ci sono tanti tipi di fare arte:

la poesia terapia; è utile per catturare tutte le nostre emozioni, una terapia che ti permette di curare il lato sensibile.

La musica terapia; ascoltare la musica è rilassante e mette tanta creatività.

La lettura-terapia; la lettura aiuta autodeterminarsi nella situazione di disagio, il vantaggio di questa terapia è la cura del mento, l'utilizzo della razionalità e dell'intelligenza.

La Teatro terapia; è la cura del comportamento, grazie a questo tipo di terapia, le persone possono contare sul proprio corpo e sensazioni perché quest'arte dalla possibilità di mettersi alla prova e di vincere le sue paure del passato. È una terapia che ti permette autodeterminarsi insieme con gli altri.

Ma per fare arte terapia ci vuole anche qualcuno che ha le basi per insegnarle e quindi adesso mettiamo in campo i consulenti educativi, chi porta progetti e strategie valide per una costruzione di azioni educative mirate e individuate.

Il ruolo del consulente comprende nel potenziare e stimolare la paziente crescita del paziente quindi passa dal consulente. Dunque, il consulente può analizzare ogni tipo di situazione perché mette a disposizione la sua professionalità educativa e terapeutica, mette in considerazione principalmente i suoi modelli d'insegnamenti per educare l'altro, per curarlo e per portarlo a essere educato, ma tramite le sue cure di terapia educativa applica anche le strategie educative mirate. Il consulente è una figura che serve quanto lo psicologo, secondo me, più dello psicologo perché il consulente applica leggi sull'educazione terapeutica e lo fa tastando tanti insegnamenti mirati e precisi. È più pratico rispetto allo psicologo.

Nelle interviste ho voluto parlare innanzitutto della vita quotidiana del convitto, dove io svolgo il ruolo di educatore bibliotecario, ho voluto inquadrare tutte le normative che si devono rispettare, e infine ho intervistato alcuni educatori, tutor, e coordinatori.

Abbiamo parlato di progetti, ricerche educative e obiettive, abbiamo affrontato temi molto delicati, ma allo stesso tempo anche molto leggere – quindi, nel far fronte a tutte le risposte, gli educatori, hanno fornito una chiara prova di professionalità e duttilità nel campo.

Perché mi hanno dimostrato sia durante le interviste sia durante le ore di lavoro di saper muoversi bene sul campo e non è facile di questi tempi mantenere una buona guida sui ragazzi specialmente in un ambiente come il convitto dove i ragazzi sono tanti e diversi.

Secondo me, i modi d'intervento educativo che affrontano all'interno del convitto sono molto condividibili – il loro approccio all'educazione ha lasciato il segno nella struttura, il loro lavoro ha cambiato il punto di vista di tanti ragazzi, hanno in pratica messo nella giusta direzione molti ragazzi, durante l'intervista, un'educatrice ha affermato: "Qualche ragazzo lo abbiamo preso che era un caso molto preoccupante e con i giusti metodi sta cambiando e va bene anche a scuola" quindi, qui è possibile tutto, il cambiamento è possibile, basta lavorare con strategie mirate, come per esempio le arti terapie.

Lavori di gruppo aiutano di certo a esporsi, conoscersi e soprattutto a comunicare, analizzando tutto questo l'educatore si trova nelle condizioni di lavorare con molta serenità perché i ragazzi fanno già la metà del lavoro dell'educatore (che il suo compito è l'unione), la parte finale è la partecipazione. La partecipazione è il faro dell'arte terapia, se tutti partecipassero come dovrebbero nei lavori di gruppo o nei progetti educativi l'arte terapie diventerebbe una terapia e una cura perfetta.

Mi soffermo più che altro nei progetti perché gli stessi educatori durante un'intervista mi hanno specificato che i loro progetti girano intorno alla scuola, organizzano lezioni private, recuperi per studenti che hanno mancanze, al mio subentro come educatore bibliotecario ho introdotto due laboratori: uno di scrittura creativa e l'altro di filosofia, sono dei progetti educativi e culturali che aiutano il ragazzo a sviluppare la loro creatività – progetti culturali.

Tutti i progetti partono per divulgare un'etica di organizzazione agli educandi, le parole che dice l'educatore durante l'intervista pesano, perché l'organizzazione ha come l'obiettivo, un importante lavoro: il lavoro, la condivisione e la reciprocità che tutti gli educandi del convitto sono obbligati a fare.

Ho elaborato alcune delle interviste e ho inquadrato la parola obiettiva: questa parola è la ciliegina sulla torta, l'obiettivo è il raggiungimento delle mete prefissate, ogni traguardo è un sorriso in più, gli obiettivi aiutano a impegnarsi e farsi carico, su questo gli educatori spronano ogni giorno i loro ragazzi, il raggiungimento non è uguale se il ragazzo arrivasse al traguardo avendo adoperato qualche scorciatoia – non si chiamerebbe più obiettivo.

Qui tutta l'educazione ricevuta o data salterebbe fuori da tutti gli schemi e progetti.

Bibliografia

A.Bellingreri, Per una pedagogia dell'empatia, Vita e Pensiero, Milano, 2005.

Edith Stein, Il problema dell'empatia, Edizione Studium, Roma 2012.

A.Bellingreri, L'empatia come virtù. Senso e metodo del dialogo educativo, Il Pozzo di Giacobbe, Trapani, 2013.

A. Pinotti, Empatia. Storia di un'idea da Platone al Post-umano, Biblioteca di Cultura Moderna, Laterza, 2011.

L. Boella, A. Buttarelli, Per amore di altro. L'empatia a partire da Edith Stein, Edizioni Cortina, Milano 2000.

E. Stein, L'empatia, Franco Angeli, Milano 1986

R. C. Musso , La pedagogia dell'Einfühlung: saggio su Edith Stein, Editrice La Scuola, Brescia, 1995.

J. Heimpel, Il rapporto tra la persona e la comunità nella visione cristiana di Edith Stein, Edizioni OCD, Morena Roma, 2005.

G. Macrì , Empatizziamo nell'altro, l'empatia come strumento di pace, Booksprint, 2018 Dicembre, Salerno.

B. Rossi, Pedagogia degli affetti. Orizzonti culturali e percorsi formativi, Roma Bari, Laterza, 2002

D. Simeone, La consulenza educativa, Simeone, La consulenza educativa, 2003.

Apprendere il counseling, Erickson, Trento. C. Piccardo, Empowerment, Cortina,1995.

R. Guardini, Persona e libertà. Saggi di fondazione della teoria pedagogica, La Scuola, Brescia, 1987.

C. Palmieri, La cura educativa. Riflessioni ed esperienze tra le pieghe dell'educare, Franco Angeli, Milano, 2003.

C. Coppelli, Usa l'arte per non essere in disparte, Carpi, La Litografica, 2001.

J. Campbell, Attività artistiche di gruppo, ed., cit., Trento, Erickson, 1996.

T. Casula, Impara l'arte, Torino, Einaudi, 1974.

De Fonzo Mirella, Neurocanto-salute e benessere con le arti-terapie, Armando Editore, 2018,

De Luca Arturo, La musica transpersonale. Suoni New Age e armonie interiori, Editore Xenia, 1996.

I. Cecoli, il canto curativo-un percorso di conoscenza cambiamento e auto-terapie, OM, 2018.

G. Manarolo, Manuale di Musicoterapie, Carocci, 2020.

J. L. Sudres, L'arte terapia con gli adolescenti, Magi, Roma, 2000.

B. Warren, Arti terapia in educazione e riabilitazione, Erickson Trento, 1996.

G. Bartolotta, Manuale di arte terapia poetica. La poesia per liberare il nostro inconscio, Edup, Roma,2003.

Y. Revault, Guarire con la scrittura, Red Edizioni, Milano,2005.

M. Monaco, Dei giorni di sole e delle notti di pioggia:dalla poesia alla poesia-terapia, In Press, Palermo,2006.

P. Santagostino, Guarire con una fiaba, Feltrinelli, 2004.

Marco Dalla Valle, Biblioterapia: storia, modello terapeutico, metodi e strumenti, ebookecm.it

W. Orioli, Teatroterapia, Gagliano Edizioni, Como, 2018.

Sitografia

https://www.nuoveartiterapie.net/la-rivista/

http://www.manuelaracci.com/biblioterapia.htm

Printed by Books on Demand GmbH, Norderstedt / Germany